U0591554

经典悦读
系列丛书典藏版
经典新时代 悦读新思想

改革的逻辑

——邓小平三篇经典著作如是读

陈培永◎著

SPM
南方出版传媒
广东人民出版社
·广州·

图书在版编目（CIP）数据

改革的逻辑：邓小平三篇经典著作如是读／陈培永著. —广州：广东人民出版社，2016.6（2021.11 重印）
（经典悦读系列丛书）
ISBN 978-7-218-10840-7

Ⅰ．①改… Ⅱ．①陈… Ⅲ．①邓小平理论—改革开放—思想评论 Ⅳ.①A849.164

中国版本图书馆 CIP 数据核字（2016）第 091379 号

GAIGE DE LUOJI——DENGXIAOPING SANPIAN JINGDIAN ZHUZUO RUSHIDU

改革的逻辑——邓小平三篇经典著作如是读

陈培永 著

出 版 人：肖风华

责任编辑：曾玉寒 伍茗欣
装帧设计：揽月塘艺术工作室
插画绘图：李新慧
责任技编：吴彦斌 周星奎

出版发行：广东人民出版社
地　　址：广州市海珠区新港西路 204 号 2 号楼（邮政编码：510300）
电　　话：(020) 85716809（总编室）
传　　真：(020) 85716872
网　　址：http://www.gdpph.com
印　　刷：广东鹏腾宇文化创新有限公司
开　　本：787 毫米×1092 毫米　1/32
印　　张：4　字　数：78 千
版　　次：2016 年 6 月第 1 版
印　　次：2021 年 11 月第 6 次印刷
定　　价：24.00 元

如发现印装质量问题，影响阅读，请与出版社（020-85716849）联系调换。
售书热线：(020) 85716826

目　录

导言　什么是改革…………………………………　1

一、革命的承袭…………………………………　7

二、思想的解放…………………………………　22

三、道路的坚守…………………………………　46

四、制度的建构…………………………………　70

五、市场的取向…………………………………　86

六、民主的探求…………………………………　103

结语　改革的进路…………………………………　114

附录　妙语选粹…………………………………　121

后　记…………………………………　123

导言　什么是改革

在今天，还有谁不知道"改革"呢？

改革是当代中国的关键词。我们的生活与改革密切相关，我们不断在讲述改革的故事，不断在评价改革的成败得失。

改革似乎成为人人都在谈的事情。很多人都可高谈阔论一番，人人都是"麦克风"，观点异彩纷呈，有人反对，有人支持，有人乐观，有人怀疑，有人既不看好也不看衰，每个人好像都有自己的"一孔之见"。

改革似乎成为人人都在干的事情。任何一项工作的开展，好像都变成改革的一部分。改革被泛化，单位有点风吹草动，有点跟以前的不同，都被鼓吹为"改革了"。正在进行什么样的改革，接下来将如何改革，好像成为工作的"新常态"。

但，我们真的懂什么是"改革"吗？

很多简单的问题不能去深思，深思后我们就会惊讶地发现，自己其实对这个问题知之甚少。就像你可以天天说做人应该怎么怎么样，那个人品行败坏不是人，但你却很难讲清楚究竟什么才是"人"，或者说"人"到底是什么。

越是熟悉的东西，越是信手拈来、脱口而出的东西，我们就越不会对它进行细细考究，就越失去了对它的"知情权"。我们对改革熟得不能再熟了，就越缺乏对改革进行深度的哲学追问，就越不知道究竟什么是改革？它从哪里来？它要到哪里去？

司空见惯的情况是，有的人说的是"改革"，其实做的只是"改变"。一个是"reform"，一个是"change"，其实不一样，有些人傻傻分不清楚。有些人心知肚明，还把自己的"改变"说成是"改革"，因为他知道这样能达到包装、美化自己工作的效果。

改革与改变不同，不能把一点小小的变化，头脑一热的改变，当成具有全局性、战略性的改革。没有通盘考虑、运筹帷幄，就大言不惭地谈改革，说自己在进行改革的事业，只会降低"改革"一词的分量，说句不好听的话，只会侮辱"改革"两字。

改革需要整体的宏观视野，超前的战略思维，高明的哲学智慧，极大的政治勇气，非一般人所能及，非常人所能理解。那些目光短浅，走一步算一步，从不进行辩证、战略、创新思考的人，只配跟着形势变化而狼狈地亦步亦趋、随波逐流。

干一件大事，需要锤炼改革性思维，即一种全局性、战略性、预见性的思维，一个人是如此，一个政党、一个国家也是如此。我们需要建构改革哲学，搞清楚改革的逻辑，对改革进行深层次的追问和反思。

作为改革开放的总设计师，邓小平的功绩不仅在于推动了当时改革的实践，还在于他提供了可供今天改革借鉴的改革哲学，他清晰地展现了改革的思路逻辑，讲清了什么是改革，也说明了为什么要改革，改革要往哪个方向去。

邓小平关于改革的文献，对于思考当代中国的全面深化改革，依然具有不可或缺的启迪意义。这本小册子力求以点带面，管中窥豹，发挥阐释邓小平的改革哲学及其当代价值。重读邓小平关于改革

改革的哲学

的经典文献，必然能够为新时期的全面深化改革，提供理论关照和重要遵循。

☞ 经典地位

"改革"是邓小平 1978 年之后的文献、讲话、访谈中出现频率最高也是最为重要的词汇。据统计，《邓小平文选》第 2 卷、第 3 卷共有文章 179 篇，其中直接以"改革"或"改革开放"为题的就有 25 篇，占到所有文章的 14%，而涉及改革概念或改革内容的文章则有约 140 篇，占到 80% 左右。

这本小册子立足但不完全局限于邓小平的三篇经典文献：《解放思想，实事求是，团结一致向前看》是邓小平 1978 年在中共中央工作会议闭幕会上的讲话，实际上是紧接着召开的十一届三中全会的主题报告，它为十一届三中全会拉开中国改革开放的序幕做好了铺垫。

《党和国家领导制度的改革》是邓小平 1980 年 8 月 18 日在中共中央政治局扩大会议上的讲话。该文对党和国家领导制度存在的问题进行了深刻剖析，提出了改革党和国家领导制度的构想，被认为是中国政治体制改革和民主政治建设的纲领性文献。

　　《在武昌、深圳、珠海、上海等地的谈话要点》是邓小平1992年1月18日至2月21日在南方几个地方讲话的要点，以"南方谈话"著称，它对我国改革开放和现代化建设中的一系列理论和现实问题进行了回答，是中国特色社会主义理论的基础性文献。

一、革命的承袭

革命是解放生产力，改革也是解放生产力。过去，只讲在社会主义条件下发展生产力，没有讲还要通过改革解放生产力，不完全。应该把解放生产力和发展生产力两个讲全了。

1

改革是一场革命，是中国的第二次革命。简单的一个界定，到现在恐怕还有人不知道到底有何深意。为什么偏要把改革说成革命？改革是改革，革命是革命，改革怎么就成了革命了呢？为什么不干脆说改革是对革命的替代，是革命之后我们干的另一件大事呢？

要弄清楚这个问题，就要先搞懂什么是革命？

有些人一听到革命，就想到暴力、武力、破坏、摧毁、颠覆，就想到根本否定，全部推倒，从头再来。这种理解有一定依据，毛泽东有段非常精彩的话：

> 革命不是请客吃饭，不是做文章，不是绘画绣花，不能那样雅致，那样从容不迫、文质彬彬，那样温良恭俭让。革命是暴动，是一个阶级推翻一个阶级的暴烈的行动。

如此定性"革命"，有特定的时代背景，而且也有历史的价值。在战火纷飞的时代，在激情燃烧的岁月，我们必须有这种酣畅淋漓、摧枯拉朽、你死我活的革命，不能不分场合地当谦谦君子，讲书生意气。所谓秀才遇到兵，有理说不清，做秀才也要分时候，遇到敌兵来袭，还准备去摆事实，讲道理，只能是自找死路！

这个层面的革命，马克思称之为"政治革命"。它是对旧政权的颠覆，对旧制度、旧秩序的破坏性摧毁，它是自下而上的力量崛起，是被压迫、被奴役阶级为了求得生存与发展，而进行的暴力性的政治行动。

就这个意义上说，改革与革命是对立的，是人类社会发展进程中的两种方式，不能把改革说成革命。改革是自上而下的，是执政者为维系执政地位积极主动采取的变革方式；革命则是自下而上的，是执政者的执政地位被动受到冲击而出现的变革方式。

对于执政者而言，要杜绝自下而上的革命的出现，就必须自上而下地主动改革。改革往往是被形势所逼，没有谁愿意舍弃舒适条件主动去改革，改变习以为常的工作习惯，但不改革不成，来自民众的压力使执政者不得不去改革。所以有人说，改革总是与革命进行赛跑，你不改革，我就来革命，革掉你的命。要保命，你就必须主动地改革。

政治革命有它的积极价值，它是推动人类社会走向更加公平和进步的动力。马克思说得对，革命是历史的火车头。中国的历史无疑证明了这一点，在今天，任何人都不能否定中国革命的意义，都不能否认革命改变了20世纪以来中国的历史航向，并奠定了今天繁荣的前提和基础。

政治革命当然也有消极的一面，要看到它的两面性。革命的目标总是好的，它是对新制度、新秩序、新社会的向往，但革命手段的暴力、破坏、颠覆特质，决定了其有潜在的危险。如果控制不好，革命持续不断地进行，必将给社会和个人带来致命伤害。

革命实际上有两层含义，"革"就是对旧制度、旧秩序、旧社会的革除、去除、摒弃，"命"即是对新制度、新秩序、新社会的命制、建设、构造。如果只强调"革"而不注重"命"，忘记了"革"之后的"命"，用政治运动的方式解决一切问题，就会释放出革命的暴力性和破坏性。不考虑革命之后的重建，不能设计出新的制度，打造出新的社会秩序，革命就只能像做了一场华丽的美梦，梦醒了，还是悲惨的现实。

马上打江山，不能马上治之。马上打江山是很难，但更难的是下马治江山。打下江山可靠暴风骤雨，毕其功于一役，治江山就需要绵绵细雨，浇灌万物使其逐渐萌芽复苏。一个是短期的活，靠前期积蓄力量；一个是长远的活，靠后期苦心经营。

不能认为破字当头，立就在其中。我们需要革命的行动，但不能把革命的方式原封不动地用在行动之后的建设上。该结束的还不结束，反而还要高歌猛进，肯定会出问题。

"文化大革命"的出现有许多原因，很重要一个方面就是继续革命的思维作怪，革命成功后还在不断搞革命，不断搞政治运动、阶级斗争，似乎革命永无止境，阶级斗争没有尽头，必须持续地推进，才算是进步，结果必然带来历史的惨剧。

改革开放后的今天，我们从对革命的盲目迷信中走出来，却又走向了另一个极端，革命似乎迎来"偶像的黄昏"。有些人以改革来否定革命，认为改革的时代到了，革命就该放进历史的博物馆之中，就该尘封起来。有些人还在反思革命的名义下，质疑革命的合法性，污蔑革命，把革命看作为野蛮的游戏，把革命者的形象抹黑、矮化，极尽侮辱之能事。

讲改革，不能割裂其与革命的关系，更不能翻开历史的旧账，给进步的革命泼上邪恶的污水。革命，本来是一个充满进步、希望、积极、先进的词汇，却要在新的时代被无情地贬低、挖苦、讽刺，这是对历史的极度不尊重，是令亲者痛、仇者快的事情。

尊重历史，必须尊重革命，尊重那些饱含理想信念的革命者，不能以自己的无耻去揣度革命者的伟大，以自己的卑鄙去侮辱革命者的崇高。

2

改革是中国的第二次革命，它中断了本该中断的政治革命，但它没有斩断历史的传承性，而是强调了改革对革命事业的传承，它祛除掉的只是政治革命的手段，它还要完成政治革命的目标，完成革命未竟的事业。

有人宣称后革命的时代开始，讲必须告别革命，意思是明确的，就是不能再搞暴力，再搞政治运动，再以阶级斗争为纲。但这不能说"革命"这个词本身就变成了贬义词，革命的事业就不该继续了。革命尚未结束，革命的理想还需要照进现实。

改革是中国的第二次革命，讲清楚了革命与改革的关系，将两者结合起来。它保留了革命美好的方面，延展了革命的含义。革命不再是暴力，不再是毫不留情地颠覆、割裂、对决，而变成了创造性地构建、补充、完善。

改革是中国的第二次革命，也赋予了改革以合法性、合理性、正当性，改革不是对革命的背离，而是对革命事业的重新谋划，它让忠诚于革命事业的人不至于失去目标，将智慧和力量用在改革上。这其中满是政治智慧。

改革是中国的第二次革命，实际上还彰显出革命的另外一种意蕴，或者说另一个层面的革命，马克思称之为"社会革命"。"社会革命"不是夺取政权的革命，而是对旧社会的生产关系、上层建筑的根本变革，是社会的经济关系、政治制度、文明方式、价值观念的全面革新。

马克思为什么要谈这种革命，是因为他知道，推翻政权容易，全面改变社会形态难。中国封建王朝的变革就是如此，每一次似乎都是一场你死我活的政治革命，但一场真正意义上的社会革命并没有实现。星星还是那个星星，月亮还是那个月亮，封建社会还是那个封建社会，只是换了皇帝，走了姓李的，来了姓赵的。

真正的社会革命

马克思说过：只有社会革命才是真正的革命，政治的和哲学的革命也必然以社会革命为依归。政治革命在他看来只是通往社会革命的手段，社会革命才是依归，才是终点站。

改革实际上就是"政治革命"之后的"社会革命"，是我国在推翻半殖民地半封建制度后，进行的社会主义制度的自我完善和发展，是要实现真正意义上的社会变革。

为什么说我们还处新一轮的伟大斗争中？答案就是我们还在进行社会革命，通过改革来实现社会的全面变革。我们的革命还没有结束，还有漫长的路要走。

改革是一场革命，只要是革命，就需要革命的精神、革命的理想。革命教育、历练了一代人，塑造出令人热血沸腾的革命理想、革命精神，我们搞改革，也绝不能放弃，必须传承。但改革不能只讲革命精神，只谈远大理想，不考虑物质利益。正如邓小平所言：

革命精神是非常宝贵的，没有革命精神就

没有革命行动。但是，革命是在物质利益的基础上产生的，如果只讲牺牲精神，不讲物质利益，那就是唯心论。

我们曾经犯过这种"唯心论"的错误。"文化大革命"的理想目标是"人人皆为圣贤""九亿神州尽舜尧"，每个人都要"狠斗私字一闪念"。社会主义的"新人"似乎都不能再是凡人，不能再有物质利益、欲望诱惑，都是无私无欲、毫无自私自利之心的人，都有置个人利益于不顾的献身精神。

提倡崇高的革命精神当然没有错，但要求每一个人都能达到如此高的境界，是不可能的。试图用一种崇高的革命理想来动员广大的人民群众，用一种抹杀个人利益的宣传维系整个国家的精神境界，注定是空想，只能维系一时，不能维系长久。因为这是道德上的拔苗助长，而道德的拔苗助长最后不会出现根正苗红，只会根死苗忘。

今天依然要注意，在塑造道德模范，宣传先进人物道德事迹，依靠榜样力量推动社会道德进步时，不能为了使榜样崇高而进行各种不切实际的包装，搞得道德模范不像现实生活中的人，更像不食人间烟火的神。

过于理想化的宣传，只会是雷声大雨点小，它不会内化到个人的思想意识和行动中，反而会使个体在表面上谈崇高理想、崇高道德，内心则是充满怀疑的道德虚无主义。最终的结局必然是只有无法实现的崇高的道德口号，而没有现实生活中的道德行动。

人的现实存在离不开物质利益，理想社会和理想人格的建构，必须立足于不理想的社会、不理想的个人，也就是现实的社会、现实的个人。离开了人们生活的吃喝住穿，再好的社会道德理想都是妄谈。

不能只有高大上的政治理想，而没有务实的工作态度；不能只往上看，而不往下看；不能只会登高望远，而不会稳健走路。改革必须直面现实，解决现实问题，必须面对现实的人，有自己正当物质利益的人。

3

改革要立足现实，而最根本的现实是当时中国生产力落后，很多人还处在贫穷状态。谙熟唯物史观基本原理，尊重历史发展客观规律，就应牢记生产力的基础性地位。革命理想必须建立在生产力进步的基础之上，不然的话，空谈革命的理想，实际上恰恰遗忘了革命到底是为了什么。

邓小平明确指出了，生产力方面的革命也是革命，而且是很重要的革命，从历史的发展来讲是最根本的革命。不能看不到生产力方面的革命的重要性、根本性。他明确了革命归根结底是为了解放生产力，打破发展生产力的障碍，扫除制约生产力发展的要素，使人们摆脱贫穷落后的状态，使人的现实的需要得到满足。

改革是中国的第二场革命，体现在改革与革命一样，都尊重生产力的基础性地位，都服务于解放生产力的任务。改革与革命，本身不是目的，只是手段，革命是为了解放生产力，改革也是为了解放生产力，都是为生产力的进一步发展提供必要前提。

革命之后之所以还要改革，是因为建立了社会主义制度并不意味着生产力就能获得一劳永逸的解放，生产力就能自然而然地持续发展。社会主义制度也有阻碍生产力发展的方面，必须通过改革，克服它的缺陷，才能使生产力发展。也就是说，在社会主义条件下，不仅仅存在发展生产力的问题，还存在通过改革解放生产力的问题。

改革一定意义上说就是顺应生产力发展的趋势不断解放生产力，通过解放生产力实现生产力的不断发展。但这并不意味着改革就是要唯生产力马首是瞻，只要有利于生产力发展的，什么都可以干，什么都可以做。解放生产力只是改革的一个方面，发展生产力只是改革的一个目的，虽然是最根本的一个方面和目的，改革不止于此，如果仅仅停留在这个层面上，那它也很难说是一场革命。

改革是一场革命，能够上升到革命的层次，说明改革不只是某个要素的改变，某个方面的改变，而是全方位的变革，是社会各个领域的变革。只有全方位的变革，才配得上"革命"两字。

改革要解放生产力，就是要改掉不适应生产力发展的生产关系和上层建筑。让生产关系适应生产力，让上层建筑适应经济基础，释放出生产力发展的空间。这是所有改革的哲学逻辑，它也决定了改革本身是全方位的变革。

改革最显著的表现是经济体制的改革，就是从高度集中的计划经济体制走向市场经济体制。经济体制的改革又与政治体制改革同行，改革本身就包括政治体制改革，没有政治体制改革的改革不是真正的改革。

有不负责任的观点认为，邓小平只重视经济改革，而忽略对政治体制改革的考量。实际上，邓小平早在20世纪80年代初就号召开启了党和国家领导制度的改革，并把政治体制改革放在了与经济体制改革同样的位置，甚至更重要的位置，那种认为邓小平不注重政治改革的想法是站不住脚的。

除经济政治体制之外，改革还涉及人们的工作方式、管理方式、生活方式等行为方式的变革，涉及人们的精神状态和思想观念的变革。它是社会结构各个要素、社会生活各个方面深层次的社会变革，意味着经济生活、政治环境、文化模式、社会秩序以及人的观念、思维方式、心理习惯等方面的深刻变革。

改革是一场革命，是一场广泛、深刻的大变革。它绝对不是修修补补就能实现的，之所以把改革称之为革命，就是要强调改革的彻底性、艰巨性、综合性、复杂性、长远性，这是改革必须有的特性，必须强调的特质。

今天中国的全面深化改革，依然需要领会"改革是一场革命"这个论断的深意。它说明中国改革的目标是明确的，即完成革命的事业、解放的理想，真正实现国家富强、民族振兴、人民幸福。它也说明改革本身是全面的社会变革，是整个中国经济政治等各方面体制以及社会成员的思想观念的全方位转型。

它还说明，改革也是问题倒逼而产生，不是想不想的问题，而是必须去做的问题。正像人们闹革命，是形势所迫，是没有办法的抉择，改革也是形势使然，是不想去做也得去做的事情。它还同时说明，改革本身的难度是很大的，需要极大的智慧和勇气，需要全盘考虑，锐意进取。

二、思想的解放

一个党，一个国家，一个民族，如果一切从本本出发，思想僵化，迷信盛行，那它就不能前进，它的生机就停止了，就要亡党亡国。

1

思想是行动的先导，解放思想是中国改革的先导。没有思想的解放，就没有中国改革的起航。深化改革，需要打破思想观念的桎梏，厘清思想观念的误区，寻求思想观念的共识。

众所周知，中国改革的进程，开始于一场关于真理标准问题的讨论。邓小平敏锐地发现了这一争论的意义，认定它是个思想路线问题，是个政治问题，是个关系到党和国家的前途和命运的问题。他把话说得很重。

邓小平把思想解放当成重大政治问题来抓，是因为本本主义、思想僵化给中国带来的问题之严重，令他忧心不已。把思想僵化与亡党亡国联系起来说，可以让人们警醒，让人们恍然大悟，让人们认识到思想解放的重要性。

思想从僵化中走出来其实并不容易。一个人的思想会钻牛角尖，一头往南墙冲去不再回头，一个国家的思想会陷入到集体无意识中，被一张巨大的无知之幕包裹起来。

思想陷入到牢笼之中是可怕的。一个实实在在的牢笼，我们还能找到目标，找到对象，而思想的牢笼却无影无踪，人在其一生中有可能都不会发现。可能的悲剧是，人死了，在无知中死去，死在根本没有察觉的牢笼之中。

当一个国家把一种非常态当成常态的时候，当问题不再被认为是问题的时候，这个国家的悲惨结局早就已经注定。集体无意识其实本来就是一层窗户纸，但就是没有人意识到它的存在，没有人去戳破。关于真理标准问题的讨论，是一场戳破这层窗户纸的举动，但却是如此艰难的举动。

解放思想，就是要学会发现自己内心深处的牢

思想的牢笼

笼，保持"众人皆醉我独醒"的状态，戳破笼罩在那个时代、那个社会之上的窗户纸，以清醒的头脑直面自己所立足的时代、所生存的社会。

伟大的哲学家往往是戳破窗户纸的人，他总在人类社会历史的进程中追问、反思、预见，引领时代的发展航向。真正让国人思想获得解放的人，必然是时代的伟人，他可能并不是传统意义上的哲学家，但无愧于伟大哲学家之名。

思想不解放，就是思想僵化或半僵化，受条条框框制约，只知道从特定的"本本"出发。人是活的，"本本"是人的观念的产物，是死的，死的"本本"却控制着活人，人被自己的思想观念困死，这样的事情并不是不会出现，它不止一次发生在人类社会的历史进程中。

思想僵化，就会出现不讲原则的"随风倒"。"随风倒"看似思想很活，墙头草，两边倒，不讲原则，不讲立场，没有自己的主见，别人说什么，就是什么，实际上也是思想不解放的表现，甚至还是违反党性的大错误。那些自以为脑子活的人，自以为很聪明的人，其实是有了新的"本本"，就是你对他对人人对，你好我好大家好，他们也受思想观念的制约，还是本本主义者，没有实现思想的解放。

要解放思想，说起来很简单，就是从实际出发，理论联系实际，做到实事求是。从实际出发而不是从本本出发，这是我们今天常常讲的话，以至于出现了一种现象，一些人把"一切从实际出发"作为口头禅、座右铭，对其推崇备至，为自己的任何奇怪做法辩护。殊不知，真理再向前一步，就是谬误。

从实际出发，不是眼光短浅的实用主义，有些人看到的"实际"实际上只是表面的、片面的"实际"，而不是规律性的、全面性的"实际"，有些人讲从实际出发，以为就是所有理论都不管用，不要谈理论，只埋头苦干。

解放思想，从实际出发，强调的是促进社会发展要遵循客观历史及其进程的规律，而不是把美好的想象、业已形成的文本作为出发点，它并不是不要理论，它还需要借助理论来把握"实际"，找到其中的客观规律。

要解放思想，还要求具有敢闯的、创新的精神。改革是一种新的尝试，要去探讨以前所未做的事情，要打破以前的陈规旧制，敢想、敢说、敢做，实现革新。邓小平强调：

> 改革开放胆子要大一些，敢于试验，不能
> 像小脚女人一样。看准了的，就大胆地试，大
> 胆地闯。深圳的重要经验就是敢闯。没有一点
> 闯的精神，没有一点"冒"的精神，没有一股
> 气呀、劲呀，就走不出一条好路，走不出一条
> 新路，就干不出新的事业。

搞革命，搞改革，都需要一批勇于思考、勇于
探索、勇于创新的"闯将"。全面深化改革，需要传
承这种精神，敢闯敢干敢试验。当然，我们也要粗
中有细，蹄急而步稳，勇猛而又有章法。进入深水
区的改革要求改革者按照路线图循"规"蹈"矩"，
讲法治精神，讲政治规矩，在宪法和法律的范围内
推进改革。

2

改革需要解放思想，也需要直面思想的争锋。
作为推动社会变革和转型方式的改革，必然是各种

思潮争夺话语权的舞台。每一种思潮都会打着为改革出谋划策、关心改革发展前景的名义出现，改革者需要注意甄别不同思潮的趁机而入。

改革开放伊始，"左"与"右"的争论就很激烈，都试图发挥主导作用，影响改革的未来航向。邓小平敏锐地觉察到这一点，明确提出了"中国要警惕右，但主要是防止左"的观点。

"右"是资产阶级的自由化思潮，它推崇个人自由的至高无上，主张采用西方的民主制度，其实质是全盘西化，把中国引导到资本主义上去。改革是社会主义制度的完善与发展，不能允许自由化思潮的泛滥，必须警惕"右"的险恶用心。

"右"可以葬送社会主义，改变改革的性质，"左"也同样如此。"左"善于拿大帽子吓唬人，表现为坚决捍卫革命，坚决以阶级斗争为纲。它把社会主义理解成同步同时富裕，把改革开放直接定性为引进和发展资本主义。

无论是"左"还是"右"，实际上都没有尊重中国的独特国情，没有从中国的实际出发。一个盲目迷信西方制度在中国的适用性，以为在他国行得通的就完全可以照搬到我国；一个则固守社会主义的教条，认为存在着亘古不变的原理必须去遵守，任何的改变都是背离社会主义。本质上而言，一个是主张改旗易帜，一个则是典型的封闭僵化。

"左"与"右"的争论在今天并没有消失，反而持续发酵，甚至反映在关涉到对改革开放前后两个历史时期社会主义实践的评价问题上。"左"对改革开放之前的社会主义实践充满怀念，认定中国的问题正是改革带来的，是改革开放导致了两极分化、阶级对立局面的出现，解决中国问题必须重视新时期的阶级对立和阶级斗争问题，坚决反对市场化、西方化、普世化。

"右"则否定改革开放之前的历史时期，在批判反思"文化大革命"的同时，否定建国后的社会主义实践，对毛泽东的很多做法都予以驳斥。它认同改革开放之后的社会主义实践，但又认为做得还不够，市场化程度还不够高，自由竞争还没有完全形成，必须进一步削弱政府干预，完全放开。

把改革开放前的历史时期与改革开放后的历史时期对立起来，用改革开放后的历史时期否定改革开放前的历史时期，用改革开放前的历史时期否定改革开放后的历史时期，显然都是不对的，都是不尊重客观历史进程的表现。每一个时期都有每一个时期的任务，用今天的标准来评价昨天的事情，用昨天的标准来评价今天的事情，都难免有失偏颇。

仅仅指出两者的互相否定，还是不够的，还应该看到左与右背后反映的价值取向问题。古往今来，人类社会一直有两个基本的价值取向，一个是社会公平，一个是个体自由。在社会公平与个体自由两种价值取向之间做出选择，如果偏向于社会公平的，则应该是偏"左"，偏向于个体自由的，往往被认定为偏"右"。

每个人心中都有一杆秤，总会觉得个体自由很重要，但又总会埋怨社会不公平，所以，"左"与"右"的情结都是存在的。

在很多人看来，资本主义强调个人至上，个人利益高于一切，个人权利神圣不可侵犯，与之相匹配的自由主义价值观念自然是"右"的代表。传统意义上的社会主义注重社会公平，强调国家、集体利益高于个人利益，为了国家、集体利益可以牺牲个人利益，自然会被认为是"左"的代表。

人们对资本主义的理解建立在金钱至上、个人

评价的标准

至上的基础上，对社会主义的想象长期建立在公平、平等的关系的基础上。改革后的社会主义实践与人们对社会主义的想象有一定距离，自然就容易让"左"的思潮再次出现。而与西方世界的接轨，让一些人看到中国必须跟上步伐，走西式道路，就容易出现"右"。当代中国"左"与"右"的游走，实际上反映的是社会主义理想与经济社会发展现实之间的差距的问题。

实际上，尊重客观历史进程，依循历史发展规律，是当代中国社会发展的基本前提，不能离开现实、超越阶段去搞改革。"左"与"右"的思潮反映的是不同的基本的价值理念，都有其一定合理性，都有其正当的价值诉求，不能将任何一方一棍子打死。"左"与"右"之间应该平等对话，互相借鉴，而不是老死不相往来，谁也看不起谁，各说各话。任何一方将自己封闭起来，看不到对方的合理性，就极有可能走向"极左"或"极右"。

"极左"和"极右"是改革最大的敌人，中国最需要避免的是"极左"或者"极右"，即盲目推崇社会公平而抹杀个人利益的合法性，或盲目推崇个人自由而将社会公平斥之为不可能实现的梦想，现实中的一个方面的表现就是完全强调政治操控而反对市场运作，或完全放开市场而反对任何的政府宏观调控。

如何处理"左"与"右"思潮的影响，邓小平当时提出了一个著名的命题——"不争论"：

> 不搞争论，是我的一个发明。不争论，是为了争取时间干。一争论就复杂了，把时间都争掉了，什么也干不成。不争论，大胆地试，大胆地闯。

"不争论"容易被一些人理解为不要争论，不让人说话，实际上是望文生义的粗暴误读。在当时背景下，争论解决不了实际问题，如果允许两方意见充分表达，任何改革都将寸步难行。"不争论"因此是在对未来实践没有把握、左右为难时，在充分尊重现实的基础上，鼓励实践探索。

它不是不鼓励探索与争鸣，而是反对打不痛不痒、无聊透顶的口水仗。解决实际问题是关键，与其在争论中花费力气，还不如将更多精力用在解决实际问题上。空谈误国，实干兴邦，说得精彩，不如干得实在，这是"不争论"隐含的前提。

处在改革开放的新关口，改革的不同声音再一次大量涌现，如何对待这些新观念新想法，凝聚新的改革共识，关乎未来改革的成败。邓小平讲过，思想上的问题要通过思想来解决，要用透彻说理、从容讨论的办法，要用扎扎实实、稳步前进的办法，而不能用大搞群众运动的办法，去解决群众性的思想教育问题。

这是我们对待不同声音的正确思路，如果用政治的方式解决思想上的斗争，无论结果如何，都说明是失败的。面对多元多样多变的思想观念，我们应该以推进改革实践为标准，鼓励发声，兼容并蓄，综合"左""右"，把理论讲清楚，把道理说明白，让一切错误的思潮无法立足，让科学的理论畅通无阻。

3

推动改革需要解放思想，改革也必然带来思想的解放，带来观念的革新。人的思想观念来自于内心深处，它的变革比制度更有滞后性。不是建立一种新制度，就能够解决人的旧观念。经常的情况是，旧制度虽然消除了，但陈旧的思想观念不一定就消失了。

改革要革除的旧观念是封建主义思想观念。漫长的封建制度虽然被推翻了，但它的残余还在。它在中国扎根太深了，不会那么容易地退出历史舞台。正如我们很容易地砍断树干，但除"根"却没那么容易。正如我们容易剪掉人头上的辫子，但却很难剪掉人内心的辫子。

1980 年 5 月，老一辈革命家李维汉同邓小平有个谈话，他认为革命虽然打掉了封建主义的生产关系和上层建筑，但并没有从理论上、政治上、思想上对封建遗毒进行彻底清算，它的影响还很深远，必须进行清算才行。

邓小平认同这个看法，明确指出党和国家政治制度很多都带有封建主义色彩，思想政治方面的封建主义影响并没有肃清。而搞特权，在政治上、经济上追求法律和制度之外的权力，就是很明显的表现。

依今天的眼光来看，我们也不能说这种特权意识就消失了，它还有很旺盛的生命力，它不仅存在于位高权重的人身上，也存在于一些普通的民众中。一个很简单的例子就是，有些人并不是真正地痛恨腐败，而是痛恨自己没有机会腐败。他骂权力任性，却又渴望自己能够有这种权力。这其实还是特权意识在作怪。

每个人都有权利骂贪官，骂他们玩弄权力，有恃无恐，自己马上就站在了道德的制高点上。贪官好像变成了人人都可去踢一脚的死狗，这实际上是把贪官幻想化了，人为地拉开了我们与他们的距离。贪官其实就在我们身边，就在我们"心"中。我们需要从自己的内心深处看贪官，从自己的内心深处反思特权。

改革还要革除的另一种思想观念是资产阶级思想观念。很多人以为，这种思想观念离我们有很远的距离。自己不是资产阶级，就不会有资产阶级思想观念，实际上，这种观念可能就在我们的头脑中，它就是那种损人利己、唯利是图的观念，就是为了满足个人欲望而不惜一切代价的观念。

资产阶级观念与资本逻辑运行密切关联。人创造资本，资本改造人。资本的运行会积淀出唯利是图的文化环境，生活在其中的人会把追求财富、金钱、享乐、消费、刺激、奢侈作为人生的最高价值，而忽视或厌恶劳动、理想、事业、奋斗、奉献、集体这些事物的价值。

久而久之，人们看待社会现实、社会问题，往往是从有没有利润、有没有利益、有没有好处、有没有金钱的标准来思考，忙碌于占有更多的钱，用更多的钱再生更多的钱，永远没有感觉钱多的时候，成为人的日常生活方式。

当前的改革遭遇到无止境的资本扩张，也面对着永不满足的贪婪之人，资产阶级思想观念似乎在支配着人们的行动，改革改变了人，却把部分人变成这样，让他们陷入到永远难以满足的怪圈而不能自拔。这确实令很多人痛心不已。

但我们不能太悲观，不能看不到改革所推进的人的思维的变革，不能看不到未来人的观念的飞跃。30多年的改革开放，实际上重新塑造了中国人，它改变了人的封闭性、依附性、顺从性特征，促成了独立的主体性的出现。

它让人以自由的、平等的竞争主体身份出现，激发了人们的平等观念、竞争观念、效率观念、科学观念、民主观念、法律观念、参与观念等现代理念。这是很重要的第一步。虽然这一步伴随着自私、贪婪等附带品。

人们总会试图解决现实的困境，总会保留好的方面，而去消除坏的方面。资本逻辑、市场经济所带来的自私自利、贪婪成性这些坏的方面将随着制度的健全而被消除，它们给人所带来的理性、平等、自由、民主意识等好的方面将会发扬光大。

☞当代回响

今天我们怎么看"猫论"？

邓小平的"猫论"："不管黑猫白猫，捉到老鼠就是好猫"，流传甚广，家喻户晓，成为中国改革开放的一个理论标志。1985 年，它还扬名于世界舞台，当年邓小平再度当选美国《时代》周刊年度风云人物，"不管黑猫白猫，捉到老鼠就是好猫"赫然出现在《时代》周刊上。

在今天，这句话依然备受推崇，被人们在无数的场合引用。但正如很多通俗易懂的政治名言一样，它也受到了一定程度的误解和庸俗化，我们有必要重新解读"猫论"的原初内涵以及它在当天的应用性。

有些人总试图从字面上、靠举实例来证伪"猫论"：能捉住老鼠的就是好猫吗？官员能力很大，抓住了本地经济建设的中心任务，发展很好，但他的心是黑的，贪污腐败，道德败坏，你能说他是好官吗？

用任何方式捉住老鼠都是好猫吗？怎么也得考虑用什么方式，搞好了经济，但严重破坏了地方生态环境，能说是好官吗？

难道不要看捉住什么样的老鼠吗？捉住一个死老鼠，能说猫厉害吗？本来地方发展态势已经很明朗，任何一个人来抓，都能发展良好，仅仅因为他来这个地方了，就能说他很厉害吗？

对"猫论"的批评，水平最差的就是在那儿琢磨语句的问题，用实例的东西来证伪普遍性的规律。任何一句经典名言，不考虑它的时代背景，不考虑它的应用领域，仅从字面上分析，肯定能找到漏洞，但这叫"欲加之罪，何患无辞"！这样做，不会显示出经典名言的瑕疵，恰恰只能说明遑论者的无知和不可理喻。

对"猫论"的误解值得认真回应的有几种：一种是将"黑猫"与"白猫"对立起来，认为"黑猫"与"白猫"本来就有好坏之分，不能以捉住老鼠为标准，来"颠倒黑白"，把"黑"洗"白"了。

其实在这句话中，黑与白不是对立的，没有好坏之分，只是体现了猫的多样性。考证"猫论"的历史会发现，两只猫本来不是黑猫与白猫，而是黄猫与黑猫。在蒲松龄《聊斋志异》中的《驱怪》一文结尾，有一句话："异史氏曰：'黄狸黑狸，得鼠者雄。'"在四川广泛流传的俗语也是："黄猫、黑猫，只要捉住老鼠就是好猫。"刘伯承将这句俗语运用到军事领域，邓小平也是没有改动地引用老搭档的话。只不过后来在流传中黄猫被说成了白猫。

黄猫与黑猫没有特别的对立性，但一旦将黑猫、白猫放在一起，自然让人觉得有好坏之分。这个变化的好处是增添了这句话的张力，坏处是让人有了先入之见，认定黑猫本来不是好猫。

一种是认定"猫论"就是实用主义。实用主义坚持的是"有用就是真理"，它评价真理的标准是以

"自我"为核心，它夸大真理的主观性，是一种主观唯心论。"猫论"从形式上而言，确实有相似之处，但它判断真理的标准恰恰是从实际出发，强调实践是检验真理的标准，绝不能人为地将其归于实用主义。

人们思考问题，做任何事情，都会去考量是否"有用"，但这种"有用无用"的标准是不一样的，有的只是从个人角度，有的则是从国家、集体角度；有的是从短期利益，有的是从长远利益；有的从是否坚持了某种理论，有的从能否解决实际问题等等。

不能说考虑有用的问题，就认为是实用主义，讲实用不代表就是实用主义，否则人做的任何事情都是实用主义的。从国家、集体的角度，放眼于长远利益，立足于解决客观存在的问题，就不能说是实用主义。

一种是批判"猫论"的政治立场有问题。在解决实际问题时，什么方式、什么手段都可以用，是不是说目的总是证明手段是正确的？是不是说为了目的可以不择手段，可以没有原则，没有立场，没有理想，没有远见，可以违背基本的大政方针？

这种批判是政治维度的批判，更有杀伤力，"文化大革命"期间，"猫论"就被指责为"唯生产力论"，不以阶级斗争为纲，不管姓资姓社的问题。这显然是过度批判，是胡乱扣帽子的行为。

"猫论"不是不要理想，不要立场，不要原则，而是在坚持政治理想、基本立场、基本原则的情况下，谋求解决实际问题。重要的是，"猫论"最终产生了政治效应，它让人们从思想观念的桎梏中走出来，让人们看清楚应该抓阶级斗争还是应该发展生产力，从而促进了党的中心工作的转移。

正确地看待"猫论"，今天依然能够获得一些启示。

启示之一，改革话语要形象化表达。改革需要寻求共识，需要让人们把握改革者的理论逻辑，理解改革者的目标、决心、思路、方法。这就要求改革话语能够尽可能形象化、通俗化、生动化，让人们容易理解、容易接受。"猫论"无疑是成功的范例，它来自于群众的实践，符合人们的日常表达习惯，脍炙人口，极易产生共鸣。今天的改革实践创制出的新的改革话语："打铁论"（打铁还需自身硬）、"鞋子论"（鞋子合不合适，自己穿了才知道）、

"笼子论"（把权力关进制度的笼子里）、"老虎苍蝇论"（坚持"老虎""苍蝇"一起打）等等，值得好好推广。

启示之二，改革要对准实际问题。改革一定要瞄准时代的问题，应该从实际中找问题，不能停留在观念中应该做什么，而应该看现实中存在什么问题。要对准实际（老鼠），而不是人为的想象（应该用白猫而不是黑猫）。"猫论"之所以被接受，前提还是找到了问题，以问题为导向，它对准了的实际是"捉老鼠"，是发展生产力。今天的改革也必须先看清楚问题，是经济发展还是社会公平？经济已经发展到一定阶段，重要的任务已经变换了，我们就得重新根据问题，来重新制定"好猫"的标准。如果社会公平是问题之所在，"好猫"的标准恐怕就是愿意与"大家"共享老鼠了。

启示之三，改革要突破固定思维。"猫论"是突破思维观念障碍的重要工具，为什么一定要用白猫捉老鼠，既然目的和结果是捉到老鼠，用黑猫为什么就不可以。为什么一定要在乎猫的颜色，追求一种形式的东西。当然，宠物猫是一种例外。"猫论"允许多样的猫、有能力的猫出现，而不是只认准一

多样的猫

种"猫"。改革面临的实际、目标是特定的，方法手段则应该是灵活的、不固定的，不能采用一成不变的方法，不能固守曾经使用过的手段，不能被条条框框所框住，这无疑有利于克服教条主义、本本主义、形式主义。

启示之四，改革要坚持实践标准。在改革进程中，总会有不同的声音，总会有不同的立场，我们不能不让人发出声音。但发出的声音，哪一种应该被采纳？不能因为它来自于某位经典作家，因为它理论体系完美，因为它所憧憬的足够理想，或者因为它足够令人震撼，而是要看它能否有利于推进实践。标准应该是实践。"猫论"是实践是检验真理的标准的另一种表述、通俗化表达，它让人不要玩虚的，要玩实的，它有利于人们求实精神的锻造。

改革需要各尽其能，各献其策，鼓励人们敢于探索，敢于创新，不断摸索出新的方法。能够解决改革困境的，能够破局的，能够取得突破性进展的举措就是好的举措。我们不要有太多的"先见之明"，不要说这样太激进还是太保守，动不动就给人扣帽子、打棍子、抓辫子，我们需要突破一些无谓的争执，让能解决问题的来说话。

三、道路的坚守

某些人所谓的改革，应该换个名字，叫作自由化，即资本主义化。他们"改革"的中心是资本主义化。我们讲的改革与他们不同，这个问题还要继续争论的。

1

思想要解放，道路要坚守。改革要有灵活性，也要有原则性。灵活性体现在打破原来的条条框框，冲破思想观念的障碍，进行开拓性的探索，原则性则体现在道路不能变，坚持走社会主义道路，去完善和发展社会主义。

改革不是要"改朝换代"，不是"一夜回到解放前"，再怎么"改"，再怎么"革"，也不能背离社会主义道路，这涉及改革的方向问题。但总有人认为，改革实际上就是放弃社会主义，走向资本主义阵营。

美国资深政治学家布热津斯基的观点很有代表性，他在《大溃败》一书中，指出中国追求现代化的改革将会取得成功，但它的成功是以抛弃社会主义为前提的。他的结论是：21世纪时代表中国社会主义的将不是正统的镰刀斧头图案，而是怀揣资金在太平洋地区搞风险投资的红色资本家形象。

在今天，还是有些人在质疑改革开放的社会主义性质，认为中国是"挂羊头卖狗肉"，是"打了左灯往右转"，打着社会主义的旗帜，完全走了西方资本主义的那条路。这种声音对改革的评价无疑是不公平的。它的依据是改革开放引进了资本逻辑，引进了市场经济，所以中国就不再是社会主义了。

社会主义道路是一回事，建设社会主义的具体做法是另一回事。邓小平讲过，社会主义是一个很好的名词，但是如果搞不好，不能正确理解，不能采取正确的政策，那就体现不出社会主义的本质。

我们不能只唱社会主义好，而没有方法、没有手段体现它的好。不能以人为想象的社会主义理念为标准，武断否定建设社会主义的具体做法。改革是社会主义建设的具体做法，改革和开放都是方式，引进资本运作也是方式，不能因此说不要社会主义制度本身。

坚守社会主义道路，是我们改革的基本遵循，是改革的政治血液，也是改革能够获得广泛共识的政治前提。邓小平提醒人们，某些人所谓的改革，其实违背了这一方向，他们的改革应该换个名字，叫做自由化，即资本主义主义化。中国要通过改革走向现代化，但这个现代化是有限定词的，它不是资本主义的，而是社会主义的。

目标必须任尔东西南北风，我自岿然不动，但方法和手段可以多样，可以灵活，不能只向往目标，而不去寻求实现目标的方法和手段，也不能看到方法和手段的变化，就认为我们追求的目标已经变化。

理想的目标依靠灵活的方法和切实的行动来实现，就像我们向往某个地方，却没有实际行动踏上旅程，就注定只能说说"世界这么大我想去看看"，就注定只能落入"虽不能至我心向往之"的地步。

在改革中坚持社会主义方向，是不能改变的。但改革开放所引入的资本逻辑、市场经济，形成的特殊利益集团或既得利益者，有可能成为社会主义的障碍，导致改革背离社会主义。如果资本逻辑成为主导性逻辑，如果少数人享有改革的成果、财富，改革即使带来了经济成就，但也不能说社会主义成功了。

改革可能会偏离社会主义方向，邓小平敏锐地觉察到这种可能性。他既强调不能因为有可能走向资本主义，就放弃改革，也认为有人担心中国会变成资本主义，不能说没有一点道理。他既自信我们一定能保持社会主义方向，又不断提醒我们要有预判，要充满警惕。

改革是很大的试验，是要冒险的，而只要是试验，是冒险，就有成功，有失败。改革因此是有风险的，没有风险的改革是不存在的。我们常说，股市有风险，入市需谨慎。我们也可以说，改革有风险，开启需警惕。但正如股市有风险，我们还是要进去一样，改革有风险，我们也必须去改革。改革是新事情，难免会犯错误，不能因噎废食，停步不前。

但是，推进改革不能过于自信，好像一改革就是进步，看不到它可能带来的负面因子。改革会带来一些坏的东西，必须警惕，如果不能遏制，它就会由小变大，积少成多，最终导致无力回天。强调改革的重要性，看到改革的成绩，也不能忽视改革的风险。

伟大的改革家在推崇改革的同时，都一定时刻警惕它的风险，这才能匹配其伟大之名。全面深化改革，需要树立问题意识，坚持问题导向。很多事情，将其放在嘴边津津乐道，不见得有利于这些事情的解决。面对改革，我们更需要的是寻找问题，预见风险，分析深层原因，提出克服之道。

2

改革必须坚持社会主义，其中的前提是要搞清楚什么是社会主义？这个问题并不容易回答，邓小平不止一次地讲过，什么是社会主义，这个问题还是没搞清楚。

有些人认为资本主义很容易理解，社会主义倒是越来越模糊，有些人总是停留在原初理解上，墨守成规，任何一点新见解、新想法，都被其认为是对社会主义的背离。邓小平对社会主义本质的界定，简洁明了，令人信服，在今天更加值得细细思考：

改革的风险意识

社会主义的本质，是解放生产力，发展生产力，消灭剥削，消除两极分化，最终达到共同富裕。

社会主义首先是生产力的发展，必须把握住生产力的维度。邓小平有一些论述，如贫穷不是社会主义，发展太慢不是社会主义，经济长期处于停滞状态总不能叫社会主义，人民生活长期停止在很低的水平总不能叫社会主义等等，就是对这个维度的坚持。

坚持生产力维度，就要坚持"发展才是硬道理"，致力于发展。如何判断改革开放的成败得失，邓小平提出了"三个有利于"的标准："主要看是否有利于发展社会主义社会的生产力，是否有利于增强社会主义国家的综合国力，是否有利于提高人民的生活水平。"其实都是从生产力这个根本层面去讲的。

但仅仅是生产力发展了，社会主义也无法从本质上区分于资本主义，因为资本主义恰恰是有史以来最能推动生产力发展的生产方式，在这个方面，社会主义恰恰要学习和吸收，要借鉴世界其他国家的文明成果，要利用先进的经营方式、管理方法，例如证券、股市等。

社会主义从根本上区分于资本主义，还是要体现在生产关系这个维度上。发展生产力要求解放生产力，而要从根本上解放生产力，就要消灭剥削、消除两极分化，实现共同富裕。社会主义最大的优越性就是共同富裕，而资本主义不可能解决两极分化的问题，不可能实现共同富裕，这是两者的根本不同。

生产关系的维度与生产力的维度，不是平行的、处在同一个层次上的，生产关系的维度要高于生产力向度，它是体现社会主义本质的东西。只不过面对贫穷的国家现实，邓小平强调的是生产力向度，强调讲社会主义首先要使生产力发展，社会主义的优越性应该表现在有更好的条件发展社会生产力。

邓小平定然是在理想的社会主义与现实的社会状况之间徘徊，他的政治理想与务实态度实际上是有所冲突的，他追求没有剥削、共同富裕的社会主义理想，又不得不务实地先使社会主义摆脱贫困。他知道必须坚持生产力维度，不能在一穷二白的情况下追求看不见影的共同富裕。

但邓小平从来没有放弃共同富裕的政治理想，他知道，改革早晚还是得回到共同富裕这个问题上来，"共同富裕，我们从改革一开始就讲，将来总有一天要成为中心课题"。这个判断在今天得到了验证，共同富裕成为很多人都很关注的问题。

令人们困惑的是，一部分地区发展了起来，一部分人富裕了起来，共同富裕的图景却迟迟没有呈现出来，反倒是贫富差距越来越大，两极分化的趋势似有不可挡之势头。一部分人已经先富裕了起来，但似乎没有带动后富者富起来的征兆，反倒显示出后富者无法富裕的趋势。有些人开始认为共同富裕论本身就错，共同富裕只是不可能实现的神话。理论真的错了吗？错的到底是理论，还是实践？

共同富裕实际上有两个对手，一个是平均主义，一个是两极分化。共同富裕把先富作为手段，把共富作为目标，先富服务于共富，允许一些地区、一些人先富起来，是为了最终达到共同富裕。允许先富，避免了要求同步同时富裕实际上却是同时贫困的局面，从而克服了平均主义的影响。

共同富裕现在要面对第二个对手——两极分化。邓小平有清晰的判断："如果导致两极分化，改革就算失败了。"这其实已经告诉我们改革努力的方向。

共同富裕的两个对手

先富者不一定会给后富者机会，先富不一定会带来共富。先富者如何与后富者实现共富？这正是我们今天的难题之所在。进一步的深化改革，有很多事情要去做，前提是不要走极端，采取激进的方式"杀富济贫"，要坚持逐步、有快有慢地实现共同富裕。如果操之过急，重提阶级斗争，重搞财富平衡分配，势必引起社会动乱。

改革必须明确站在谁的立场上，如果在改革之初这个问题还不重要，改革符合所有人的利益，现在它变得非常重要，因为已经存在着不同利益阶层的博弈。改革需要明确目的不是实现少数人的私利，而是让更多的人共享成果。这应该作为制定方针政策的依据。

改革要确保先富的条件，即诚实劳动、合法经营，坚决杜绝通过诚实劳动、合法经营富不起来，富起来的绝对不是通过诚实劳动、合法经营的现象。要切忌少数人的富裕建立在对大多数人的掠夺的基础之上，要创造机会让大多数人从后富中摆脱出来。

避免两极分化，实现共同富裕，确实是个难题，比起生产力发展，生产关系的公平化是更难的问题。共同富裕是理想，是目标，不能以一种事后诸葛亮的态度或嘲笑的态度对待理论。

现实不遂人意，不见得就是理论的错误。理论设想是一种激发人们去奋斗的精神动力，现实可能只能无限地接近于它，而永远不会将它完全转化为现实。共同富裕是一种奋斗目标，是改革的强大动力和追求方向，它刺激着人们往这个目标不懈奋斗。

我们不能要求共同富裕立即实现，不能形而上学地去理解它，划定一个它实现的标准，实现的日期。只要我们确实是离共同富裕越来越近——历史上从来没有过的近，只要我们相信越来越好，我们就应该相信它能够实现。

3

除了强调生产力和生产关系的维度以外，社会主义还有一个"道德维度"。其实，消灭剥削，消除两极分化，实现共同富裕就是一种政治道德或政治理想。邓小平非常强调社会主义的道德优越性，道德维度也被他认为是区分于资本主义的东西，他指出：

我们为社会主义奋斗，不但是因为社会主义有条件比资本主义更快地发展生产力，而且因为只有社会主义才能消除资本主义和其他剥削制度所必然产生的种种贪婪、腐败和不公正现象。

贪婪、腐败、不公正与社会主义格格不入。社会主义要消除人的贪婪，消除政治腐败，消除社会不公。这也是社会主义区别于资本主义、超越于资本主义的一个方面。社会主义的道德维度，表现在良好的政治生态和社会风气上，也就是物质文明之外的精神文明。

进行社会主义实践，必须经常思考社会主义的道德维度，进行改革，必须强调社会主义作为道德制度的性质。我们经常说要物质文明和精神文明两手抓，两手都要硬，不能只抓经济建设，而放弃对精神文明建设和社会风气的引导。

道德、风气的变质也会影响到社会主义事业，也会让改革失去意义。邓小平看到，经济发展上去了，社会风气有可能变坏，而社会风气变质了，发展下去就会形成贪污、盗窃、贿赂横行的世界，这

样的话，搞经济建设就没有什么意义。在他看来，
理想信念淡化，拜金主义、个人主义、享乐主义滋
长等现象，都是"精神污染"，而这些精神污染影响
必须重视：

> 不要以为有一点精神污染不算什么，值不
> 得大惊小怪。有的现象可能短期内看不出很大
> 的坏处，但是如果我们不及时注意和采取坚定
> 的措施加以制止，听任其自由泛滥，就会影响
> 更多的人走上邪路，后果就可能非常严重。从
> 长远看，这个问题关系到我们的事业将由什么
> 样的一代人来接班，关系到党和国家的命运和
> 前途。

社会主义的改革，不仅经济要上去，社会秩序、
社会风气也要搞好，要消除精神污染、精神文明的
垃圾，要摆脱像吸毒、嫖娼、经济犯罪等丑恶的
现象。

我们在讲科学社会主义时，有一个需要避免的
趋势，那就是对社会主义的道德维度有一定程度的

忽视，最明显的表现是有人反对从道德层面论证社会主义的优越性，强调应把其理解为必然会形成的社会形态，具有客观历史意义上的必然性。

要么是客观历史意义的必然性，要么是主观道德层面的必要性；要么是历史唯物主义的规律性认识，要么是抽象的道德伦理诉求，马克思、恩格斯选择了前者来论证社会主义的必然性。如此理解，明显是对历史唯物主义、科学社会主义的误解、误用。按照这种逻辑，根本无需谈什么社会主义道德伦理的正当性，只要埋头苦干实现生产力的发展，就必然能够通往社会主义。

马克思、恩格斯对资本主义的批判绝不仅仅是宣称必然终结，也包括道德伦理的谴责，他们设想的未来理想社会，也绝不仅仅是能推动生产力发展的社会制度，而且是解放的自由人的联合体。社会主义社会绝不仅仅是根据经济发展的必然趋势必然代替资本主义，而且也是根据伦理道德的需求必然取代资本主义，它相对于资本主义不仅仅具有经济上的优越性，还具有道德上的优越性。

只不过，他们在当时社会条件下，认为伦理道德的批判、社会主义道德性的呼吁，不可能摆脱人的奴役压迫，真正实现人类的解放，因此必须在探求到资本主义发展客观规律的基础上，找到通往未来理想社会的革命道路。

现在社会主义成为现实，就应该在遵守市场经济客观规律的基础上，避免资本主义的不道德方面出现在社会主义国家中，显示出社会主义的道德优越性。在社会主义实践中，主观的努力，道德的谴责批判、道德的呼吁诉求、道德的制度设计都是必不可少的。要知道生产力的发展不一定会避免人的贪婪、社会不公、两极分化，不一定会带来人的异化的解除、人的自由、人的解放。如果没有对社会主义道德性的诉求，就必然会走向与资本主义趋同的道路。

我们坚持科学社会主义，但不能对"科学性"狭隘解读，似乎从道德上证明优越于资本主义就有"空想性"，有了道德因素的考量，就使科学社会主义走向了空想，就不再科学。这种将"科学"与"道德"对立起来的机械化思维方式一点都不可取。

科学社会主义必须呈现出它道德上的正当性，看不到或不去解决资本主义社会的贫富悬殊、道德沦丧、极端奢侈等丑陋社会现实，社会主义光"科学"有什么用？

☞ **当代回响**

改革开放让道德滑坡了吗？

　　流传于当代社会的一种观念是，改革开放促进了物质生活水平的提高，但也释放出人的邪恶的一面，带来了中国人道德的滑坡、信仰的缺失。这种观点没有看到改革开放所取得的道德成就，在一种短视的经验认知中，忘记了从长远历史视角理性地分析。改革开放从根本上有利于中国社会现代伦理新秩序的建构，有利于现代道德观念的生成，具体体现为道德基础的丰厚性、道德理想的务实性、道德主体的理智性、道德建设的层次性、道德理念的包容性。

　　道德基础的丰厚性。道德的真正进步建立在物质财富丰厚的基础之上，没有生产的发展和经济的繁荣，连吃穿住用行等基本物质生活需要都成问题，谈道德进步是空洞的。改革开放取得的举世瞩目的成就是物质财富的迅速积聚和人们经济生活水平的大幅度提高，这是公认的事实。而这一成就实际上为道德进步奠定了雄厚的物质基础，使人们在满足物质需要之后把精神需要作为现实的需要，使道德问题成为现实关注的热点问题，也使道德问题的真正解决具备了现实条件。

道德理想的务实性。通过改革开放，道德理想主义失去了它的功效，中国社会再也不会出现那种在吃不饱穿不暖的情况下空谈道德理想、高呼道德口号的局面了。人们开始意识到不能活在道德理想的梦想中，而应该活在物质生活的现实中，道德不能建立在空中楼阁中让人望尘莫及，而应该关注现实的人的基本要求、基本利益、基本权利。改革开放强调道德建设要与物质利益相统一，尊重个人合法权益等道德建设的方针原则，而不再动不动就提出高大上的口号，这体现出道德理想的务实性。

道德主体的理智性。没有普遍的理性主体的塑造，道德观念必然是陈腐的道德观念，没有建立在理性之人基础之上的道德规范，也终究是难以持续的社会规范。理性的道德主体是道德进步的根本表征，这恰恰仰赖改革开放的作用。改革开放的进程

现实的道德

是激活个人主体意志的过程，它不再试图打造出信奉统一的意识形态、拥有高度同质的思想意识、严格遵守统一价值观念的恪守规范的道德主体，它把解放思想、实事求是、与时俱进、求真务实作为精神实质，确立了辩证精神、理性精神、务实精神、创新精神的地位，把社会大众看作理性的、有独立思考能力的、有自身利益的、有自己价值观念的多元主体，要求人们成为有自主意识、竞争意识、效益意识、开拓意识的人。

道德建设的层次性。那种企图千人一面地追求崇高的道德修养的道德建设方式没有看到人的差异本身，没有理解道德要求是先进性的最高要求与一般性的基本要求的统一，对于先进分子的要求可以是无私奉献、一心为公，对于一般公民的要求则应该是遵纪守法、诚实劳动等基本道德。改革开放时期不再像"文化大革命"时期那样，把先进性的东西变成普遍性的东西，让每一个人都追求先进性的崇高美德，而是针对不同的人群有了不同的规范要求。"坚持把先进性要求与广泛性要求结合起来"作为公民道德建设的方针原则确定下来，是道德建设理性化的又一表现。

　　道德理念的包容性。从否定一切传统道德观念、批判西方现代价值观念的时代走出来，改革开放促使我们重新评估并吸收借鉴人类文明的道德价值理念，体现出开放性、包容性的特质。人们充分认识到任何时代、任何国家的道德规范都有糟粕与精华的区分，关键的问题是加以识别、为我所用。资本、市场、自由、平等、博爱等理念不再作为被绝对否定的东西，而公开地成为可资利用、可以借鉴的价值理念被广泛接受，西方的价值观建构方式、道德教育途径也被作为道德建设的"他山之石"用来"攻玉"。人们也开始更为理性地认识中国传统文化、传统道德观念的当代价值，开始重视对中国传统文化、传统遗产的保护和弘扬。中国传统道德在经济发展之后获得了新的增长空间，逐渐成为中国社会凝聚力、向心力的重要资源。

　　反思改革开放，不能因改革开放付出了一定代价，就否定改革开放的成就，就反对改革开放的继续推进。在改革开放的进程中，付出一定的道德代价是必不可免的，是理性道德分娩出来的必要疼痛。我们要摆脱道德怀旧情结，放眼道德未来发展的转变。

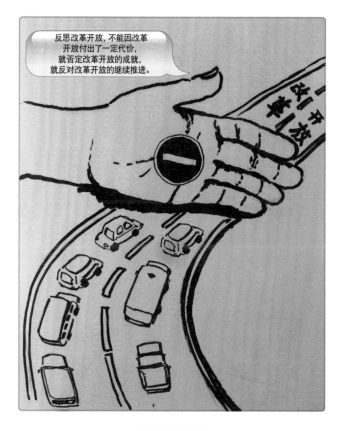

改革开放的代价

改革开放带动的是整个社会的转型，也是道德秩序的重新构造。理性的道德主体必须认识到道德代价的不可避免和道德进步的不可阻挡，而不是在面对不尽如人意的道德状况时滋生道德怀旧情结，幻想曾经所谓的道德黄金时代，怀念当时人们的纯朴、憨厚、善良、诚信，极力鼓吹传统社会、传统文化、传统伦理，相信只有通过传统文化、传统道德复兴才能解决当代道德困境。

改革开放引起的现代社会变革，已经再也不能回到传统，传统文化、传统道德再好，如果不能实现创造性转化，很难在现代社会发挥正能量。改革本身需要向前看，道德建设也要放眼未来，传统道德价值需要在现代性道德理念中得到重新诠释。

我们要对道德发展抱有乐观的态度，认识到改革开放塑造出的理性主体，才真正使道德社会、良善社会有了现实可能性。道德本身应该是服务于人的，道德不是制约规范人的外在力量，而是为了让人在美好的社会中更好地生活，人应该是道德的绝对主体，是道德生命体，这种道德理想只有在理性道德主体生成后才得以实现。

以往靠蒙蔽、造神、权威、青天、奇迹、愚民所维系的传统社会不是真正的道德社会，而只是伪君子建立起来的伪道德社会，只有真正的理性主体经过理性的思考所建立起来的道德规范才是真正的道德规范，所建立起来的社会才是真正的道德社会。改革开放需要走向这种道德社会，也必然会走向这种道德社会。

四、制度的建构

　　领导制度、组织制度问题更带有根本性、全局性、稳定性和长期性。这种制度问题，关系到党和国家是否改变颜色，必须引起全党的高度重视。

1

　　道路需要制度来保证。坚持社会主义道路，必须改革制度弊端。改革成功与否的硬性标准，应该看是否形成了良好的制度，各方面制度是否完善，是否运行良好。

　　1980年，以不讲情面和角度刁钻古怪闻名的意大利记者法拉奇在北京采访邓小平，她单刀直入地问了一个问题："我看不出怎样才能避免或防止再发生诸如'文化大革命'这样可怕的事情。"邓小平的回答就是："这要从制度方面解决问题。"

必须抓住制度建设这一线索，坚持从制度的层面来思考问题、分析问题、解决问题。这种制度性思维方式，是邓小平改革哲学的理论制高点，也是他留给今天改革实践的宝贵遗产。

邓小平清醒地看到，领导制度、组织制度更带有根本性、全局性、稳定性、长期性。"文化大革命"的错误，固然与某些领导人的思想、作风有关，但是组织制度、工作制度方面的问题才是更深刻的根源。这是历史的教训：

> 斯大林严重破坏社会主义法制，毛泽东同志就说过，这样的事件在英、法、美这样的西方国家不可能发生。他虽然认识到这一点，但是由于没有在实际上解决领导制度问题以及其他一些原因，仍然导致了"文化大革命"的十年浩劫。这个教训是极其深刻的。

不从制度上解决问题，历史的悲剧就会反复上演。不坚决改革制度中的弊端，过去出现过的严重问题就会重新出现。历史中的错误不像小孩得的天花，得过一次就不再得了，它绝不会因为曾经出现过，就不再出现。历史总会狡猾地让同样的问题再次出现，来考验这个时代的人是否解决了曾经的问题。

意识到问题不代表就有能力解决问题，指出别人身上的毛病不一定就能解决自己身上同样的毛病。有时候，我们总会眼睁睁地看着问题反复出现，就是找不到解决问题的途径，或者狠不下心，或者觉得麻烦。

制度建设是治本之略，必须下狠心，必须花大力气去做。社会主义的优越性要通过制度体现出来，如果不能健全社会主义制度，只说社会主义好，就没法解释人们心中的困惑：为什么资本主义制度能解决的问题，社会主义制度反而不能解决？

所以邓小平强调，为了充分发挥社会主义制度的优越性，为了适应党和国家政治生活民主化的需要，需要改革党和国家的领导制度。

邓小平看到，思想僵化也有制度的根源，思想的解放要通过制度来保证。不好的制度会压制人的思想，会让思想无法尽情绽放它的魅力，会让思想者纷纷向政治献媚，而走向思想的封闭。

"文化大革命"时期的思想僵化，与历史条件的影响密切相关，但很重要的原因是民主集中制受到破坏，权力过分集中。重大问题一个人说了算，别人只能奉命行事，不敢再提什么问题，再思考什么问题。

邓小平说，一个革命政党，就怕听不到人民的声音，最可怕的是鸦雀无声。一个国家也怕只有一个人在思考，其他的人丧失独立思考的能力，没有理智地跟着这个人往前冲。

解决思想僵化，光靠呼吁是不够的，让人思想解放，让人提批评意见，却没有从制度上提出保障，这种政治注定是虚的，是骗人的。结果只会像指鹿为马一样，只能说鹿就是马，不敢再说鹿就是鹿。

人们不说话，不说真话，归根结底在于没有给他们说真话的机会。要从制度上保障说话的人不会出问题，别让人提了一通意见之后，无情地将其赶了出去；别让人说了真话之后，就开始了打击报复。

2

搞改革，要有制度思维，要相信规则、规范、规矩。但一强调制度的重要性，就总容易让人想起"制度主义"，两种对立的观点也就很容易出现了，制度与修养哪个更重要的问题就被抛了出来。

一种观点认为制度建设才是根本性的，制度才是治本之策，在那儿谈个人修养，谈道德建设，就是在搞冠冕堂皇的靠不住的东西。另一种观点则认为最根本的是人，再好的制度，人不行，也不管用。道德建设才是根本性的，个人修养才是基础性的。别太相信制度，制度是死的，人是活的，一群差劲的人，制定出来的制度也不是什么好制度。

硬性的制度规定与人的道德修养，不能割裂来看，两者有密切的关系。正如邓小平所说，制度好可以使坏人无法任意横行，制度不好可以使好人无法充分做好事，甚至会走向反面。讲制度重要，不是否定个人修养、道德建设的重要性，而是要依靠制度来塑造"好人"，来督促人的修养、人的道德的提升。

我们不能凭空地想象人都是好人，都是道德生命体，都凭借自己的修养去从政。如果所有的人都是圣贤，都是完人，都抱有坚定的理想信念，都可以抵挡住诱惑，确实就可以没有制度、没有规则、没有规矩。为什么需要制度？是因为人还有恶的一面，必须预防。强调制度的重要，对人的定位是悲观的，它不把人想象为完完全全的好人。但它因此是客观的，直面现实的人本身的好与坏。

人非圣贤，孰能无错。一旦有机会，有些人就会放弃理想，撇开修养，不讲道德，最大可能地实现自己的私利，满足自己的欲望，甚至可以肆无忌惮地玩弄权力，暴露出自己内心最邪恶的一面。所以我们需要制度来约束，来限制人的恶的一面，依靠好的制度让人持续是好人，让好人不变成坏人，甚至把坏人变成好人。

制度可以改变人，它不仅仅是条条框框，制约人，束缚人，它还可以帮助人，可以"治病救人"。有人因腐败进了监狱，很多人说是现行体制害了他，在那个岗位上，他也是没办法。这种分析有可能是替这个人开脱，但也不能说没有一点道理。如果体制对他的监督是有力的，让他想腐败而不敢腐败，不能腐败，他可能就会因此而得救。

每个人走上为政之路，开始都会有自己的理想和抱负，试问有多少人一开始从政就谋划着要贪污多少呢？为什么有些人最后走上不归路，原因可能多种多样，但归根结底不外乎主客观原因，主观原因是抵制欲望的定力不够，客观原因就是体制漏洞导致权力的膨胀。

将权力关进制度的笼子，不仅仅是要束缚有权者，也是保护为政者。进到笼子里，说起来不好听，是把权力牢牢地锁起来，但也可以从另外角度理解，在笼子里，为政者才更为安全。

没有制度的笼子，有权者就会发现权力可以任性使用，自己可以毫无畏惧，可以把自己的欲望满足到极致，因此人就会逐渐蜕变。一旦有了制度的笼子，为政者才会时刻感受到外面眼光的注视，时刻提醒自己要权为民所用，要不断修身养性，提升道德素养，最终就会成为让人称道的"好官"。

为什么要用制度关权力？不能指望有权者高风亮节，不能依靠有权者自己把自己锁起来，权力者怎么可能愿意自己设置牢笼，自己把自己装进去呢？

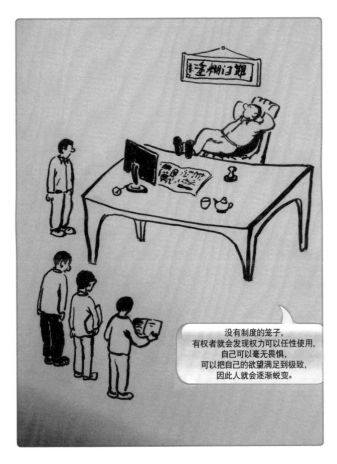

制度的笼子

开玩笑地说，如果他是自己把自己关进去的，他一定有钥匙，关进去也只是给别人看的。必须依靠制度来关，制度才靠得住。

邓小平得到的结论是，要克服特权现象，要解决思想作风问题，要解决腐败问题，就必须解决制度问题。如果制度问题不解决，思想作风问题也解决不了。腐败的问题，要从制度上考虑，从制度上解决，完善监督制度才是治本之策。

制度是解决问题的关键。因此必须把好的传统落实到制度上，没有制度的实施，好的东西就不一定能够继续成为好的东西。邓小平看到，从遵义会议到社会主义改造时期，党中央和毛泽东都一直比较注意实行集体领导，实行民主集中制，党内民主生活比较正常。可惜的是，这些好的传统没有坚持下来，没有形成严格的完善的制度，所以才导致"文化大革命"的悲剧。

再美好的理想，再善良的愿望，再优秀的习惯，没有制度的保障，可能总难落到实处。邓小平看到的是，连毛泽东这样伟大的人物，都会受到一些不好的制度的严重影响。因此，忽视制度建设，仅靠个人魅力，依赖个人的政治道德、作风优良是不够的。因为"魅力"本身有可能会打破规则，甚至破坏法律、制度，如果停留在依靠个人魅力来获取政治认同，注定不能长久。

缺少对制度的建设，仅仅依靠政治学习、思想教育、作风整顿，呼吁党员领导干部的素质、思想、作风好，只能是走过场，喊喊口号，说点空话，干点空事，最后还是不能得到实质性改变。只有结合制度建设，依靠制度约束和个人修养的结合，才真正有可能打造出为政以德的政治人。

3

讲制度，就有好制度与坏制度之分。如何判断制度的好坏，是一个大问题。现在有些人陷入到一种思想误区中，认为我国制度建设太落后，制度还是西方的好。一种西方制度决定中国命运的论调甚嚣尘上，好像一旦把西方的制度拿来，在中国马上实施，就能够解决中国问题，推动中国经济社会发展，实现质的飞跃。

殊不知，制度是自己的制度，不是别人的制度，别人的制度再好，在中国也会水土不服。况且，西方的制度并不是尽善尽美，中国的制度也并不就全是残缺，以西方的标准来评判中国的制度优劣，怎么可能会有道理？

好制度和坏制度的标准究竟是什么？不是看它是否在其他国家带来的效果好，而是看它是否符合自己国家的国情，是否能解决自己国家的问题，是否能带来自己国家的进步。邓小平强调的就是，在改革中，不能照搬西方的，要看到我国领导体制的好处，要避免西方政治体制出现的问题。

他具体强调了三条标准：在经济上赶上发达的资本主义国家，改善人民的物质文化生活；在政治上创造比资本主义国家的民主更高更切实的民主，保证全体人民以有效形式管理国家，享有各项公民权利；造就比发达资本主义国家更多更优秀的人才。

党和国家制度的好坏与否，完善与否，要看它是否有利于实现这三条标准。这无疑是最实在的标准，最中肯的标准。能够实现这三条标准的制度，那就是好制度。制度好，关键是能解决中国的实际问题，而不是看哪种制度宣传得好，包装得好；看哪种制度在其他国家运用得好，发展得好。

以《历史的终结》名噪一时的日裔美籍学者福山，在 2012 年发表过一篇题为《中国没有解决"坏皇帝"问题》的文章，认为中国历史上遇到"好皇帝"，朝代就兴旺发达，遇到"坏皇帝"，就一蹶不振。而中国到现在没有解决"坏皇帝"的问题，最大的问题是还没有建立起"正式的制度和真正的法治"。

这种观点可以看作是他对《历史的终结及最后之人》一书观点的延续，他对中国问题的看法，依据的前提是西方的自由市场和民主制度是人类社会的最佳状态，是所有国家将要走向的未来，因而也是评价当代国家制度优劣的前提。

多次给邓小平做过翻译的中国学者张维为教授，有针对性地提出过一个观点：一个国家的成功与否，主要不是取决于是否有"正式的制度和真正的法治"，而是取决于这些"正式的制度和真正的法治"是否符合一个国家真正的民情国情，以及是否能够与时俱进。

这两种观点其实代表了评价制度的两种标准。一种可以称为"西方标准"，以西方民主制度为模板评价他国制度之优劣的方式；一种可以称为"国情标准"，即为能够解决本国问题、促进本国经济社会发展为标准。哪个标准更合理，其实已见分晓，很多国家东施效颦式地模仿西方民主，带来的局面是政坛动荡、经济颓废、社会失序，坚持中国特色的我国则稳扎稳打，取得了令世界艳羡的成就，这是不争的事实。

西方制度在今天正面临深刻危机，显露出很多弊端。以美国为例，我们能看到诸多缺陷，比如过度依赖政治顾问，重视形象包装，重视能说会道，轻许承诺，遥控媒体抹黑对手，制衡导致政治效率低下，党派博弈激烈，想尽一切办法操纵选民，越来越多的人放弃投票，对选举政治失去信任等等。

他们所标榜的民主真的实现了吗？形式上是民主，但没有钱，你没办法真正做主。美国制度给资本提供了进入政治的合法性。资本的力量已经完全渗透到政治之中，成为公权力背后的"垂帘听政者"，公权力拜倒在资本权力运行的石榴裙下，越来越失去"公共性"。

有部美剧叫《纸牌屋》，讲一个政客如何当上美

权力背后的"垂帘听政者"

国总统的故事。其中的政治谋略和政治权术令人惊叹，虽有很大的戏说之嫌，但所揭露出来的规则却是真实的，那就是每一个政客背后都有一个财团支撑。其中有一段很富有戏剧性，总统派这个政客去考察一位财团大鳄，看他是否合适当副总统。这个政客后来发现，总统和财团大鳄是联合的，总统安排的是让财团大鳄考察他是否能当副总统。资本决定政治，有钱人决定谁当副总统，这个故事要揭示的道理就在于此。

中国的制度则越来越受人尊重，受人推崇。就连福山也终于承认中国的模式有一些重要优势是西方民主制度所不具备的。我们相信，我国的集体领导体制、官员队伍的精英化水准、政令自上而下的有效贯彻、层层历练的选贤任能等等，是西方国家所不可比拟的。

如果看过走红网络的《领导是怎样炼成的》这段视频，我们就能明白，中国式领导绝对不只是靠精彩演讲、靠幕后团队策划、靠背后财团鼎力相助就能干好的。一个人要历练多少岗位，踏访多少地方，分管多少工作，经过多少层级，取得多少业绩，才能走上高级领导岗位。组织考察，民主推荐，竞争选拔，时间考验，实践锤炼，决定了中国领导干部的高素质、高能力、高水平。

最根本的是，中国的政治制度没有给资本合法性。可以说，中国到现在为止还是最有可能杜绝资本操控政治的大国。这当然是我们努力的方向，我们要避免资本对政治的入侵，坚决将资本留在经济领域，不让它的逻辑在政治生活中盛行。

我们要有制度自信，"我们的制度将一天天完善起来，它将吸收我们可以从世界各地吸收的进步因素，成为世界上最好的制度"。我们就是要有邓小平的这种自信，要有这种乐观精神。因为从改革开放伊始，我们就一直重视制度安排，一直试图完善各项制度。我们一直在学习，一直在进步，反倒是那些整天骄傲地自诩自己制度完美的人，早已经自我满足，也因此慢慢停止了前进的步伐。

五、市场的取向

计划多一点还是市场多一点，不是社会主义与资本主义的本质区别。计划经济不等于社会主义，资本主义也有计划；市场经济不等于资本主义，社会主义也有市场。计划和市场都是经济手段。

1

在经济领域，改革要形成和完善的是社会主义市场经济。"社会主义市场经济"由"社会主义"和"市场经济"两个词合在一起，在今天来看，没有任何问题，完全合情合理。我们可能已经忘掉这个合成词形成背后的故事，付出了多少努力，经历了多少波折。就像很多时候，人们总是很容易地看到事情最后的美好结局，又很轻易地遗忘做这件事情时的艰苦付出。

社会主义与市场经济，长期以来被认为如同水火，不可能结合在一起。无论是社会主义的支持者，还是社会主义的反对者，出人意料地拥有一个共识，那就是社会主义就是搞计划经济，资本主义才搞市场经济。似乎，资本主义对市场经济申请了专利，社会主义则被打上计划经济的标签。这种观念根深蒂固，让社会主义的建设者背负了沉重的理论包袱。

观念、思想、理论都是属于人的，本来都是服务于人的社会的发展的，但它一旦固化成型，扎根于心，反倒会成为独立于人的、人无法变更的"实体"，成为人摆脱不了的梦魇。结果是，抽象成为统治，观念统治人，而不是人操控观念。社会主义只能搞计划经济，不能搞市场经济的思想观念正是如此。我们自觉不自觉地受到了某种固定的社会主义观念的支配，我们用自己的观念把自己捆绑起来。

要突破业已形成的观念的束缚，实非易事，注定要经历迂回曲折。从 1979 年开始，邓小平就在不同的场合多次讲到，只有资本主义有市场经济，社会主义就不能有市场经济，肯定是不正确的。他在当时一定很着急，为什么大家就是听不进去，为什么一谈市场就是资本主义，一谈计划就是社会主义？

计划和市场都是经济手段，都是发展生产力可资利用的工具，它既可以服务于社会主义，也可以服务于资本主义。放着明明有利于解决问题的东西，我们偏偏不要，拱手让与他人，然后再来批判它，与它保持距离，这种逻辑确实让人难以接受。直到南方谈话，邓小平用一段话敲醒了梦中人，彻底打破了错误观念对人的支配：

> 计划多一点还是市场多一点，不是社会主义与资本主义的本质区别。计划经济不等于社会主义，资本主义也有计划；市场经济不等于资本主义，社会主义也有市场。计划和市场都是经济手段。

"社会主义"与"市场经济"终于握手言和，前后相依相偎，在历史的舞台上共同出场了。像两个因误会而产生隔阂的人，终于冰释前嫌，而误会的消除，有赖于伟大的调节者的多次敲打。

确立社会主义市场经济的方向，没有固守马克思主义经典作家的原初设想，并不是离经叛道或背叛师门，而是一种基于实践理性的与时俱进。当然，这也并非马克思、恩格斯的设想有错。一种哲学之所以能成为时代精神的精华，就在于它能够阐释现实，指导未来。它不是用来束缚后世之人的，它欢迎后世之人对它进行发展，以更好地解决时代的问题。

况且，马克思、恩格斯对未来社会有计划生产和分配的设想，只是一种对高度发达社会状况的设想，而不是对贫穷落后的中国所言的。落后的国家企图按照高度发达社会的原则来行事，才是错误地理解马克思主义，这是拔苗助长，注定碰得头破血流。

2

时过境迁，尽管从理论上解决了市场经济的定位问题，但随着中国市场经济的不断发展，一些新的矛盾、问题随之出现，社会主义与市场经济能否兼容、如何结合，又变成了一个有着现实背景的、充满争议的话题。这逼着我们去追问：社会主义与市场经济结合到底意味着什么？社会主义与市场经济的结合究竟是什么样的结合？

邓小平没有明确回答这个问题，我们也往往忽略对两者结合的内涵进行深入分析，往往从字面意思把其看作是"社会主义国家＋市场经济"，即在社会主义国家搞市场经济；或把其看作是"社会主义制度＋市场经济"，即社会主义基本经济制度与市场经济体制的结合。

这种过于简单的解释当然是不够的，在"市场经济"前面加上"社会主义"，应该有更丰富的内涵，绝对不是一种字面上的结合，绝对不是搞文字游戏，它一定饱含深意，有所特指，颇有价值，值得我们去挖掘。我们可以从三个方面来把握两者相结合的内涵：

一是社会主义目标与市场经济手段的统一。这应该是第一基本原则，即邓小平所说的"把市场作为手段发展社会主义"。社会主义是点睛之笔，中心词是社会主义，修饰词是市场经济。市场经济是一种工具性的手段、方式，社会主义是一种价值性的理想、目标。无论任何时候，都必须坚持社会主义的中心地位。为了搞市场经济而搞市场经济，为了讲市场经济原则而讲市场经济原则，不考虑社会主

市场与手段

义的目标，就不是真正的结合。

二是市场经济的社会主义性质的维系。搞市场经济，必须坚持社会主义基本制度，但这种基本制度不仅仅是基本经济制度。狭义的理解是，"社会主义市场经济 = 生产资料公有制 + 按劳分配 + 宏观调控 + 社会保障 + 作为资源配置基本方式的市场"。这种理解把社会主义市场经济看作一个纯粹经济学的范畴，忽略了社会主义所包含的基本政治制度、基本目标追求、基本价值观念等方面。市场经济仅与经济制度结合，不是完整的结合，不利于对社会主义目标的追求。

三是以社会主义的力量规制市场经济。社会主义与市场经济结合不是静态的结合，而是动态的结合，两者不应被理解为拼装在一起的两个硬件装置，而应理解为两套互动的反射机制，即市场经济会冲击社会主义，社会主义也会及时回应。社会主义与市场经济的结合，必然包含着社会主义对市场经济规制约束的涵义，社会主义变成了一种规制的力量，它变成对市场经济运行中"经济政策优先权的判定"，是一种能够解决市场经济风险的、防止市场经济越界的力量，是能确保社会走向共同体、公平、尊严、安全、保障等要素的力量。

3

社会主义与市场经济的完美结合，在现在看来还只是理论上的，在现实中则还不尽如人意，两者之间的矛盾和冲突还是存在的。这也是一些人把改革开放看作为引入资本主义、回到资本主义的原因之所在。今天的改革要破除这种观念，就不能无视这些矛盾。

其实，早在20世纪50年代末60年代初，毛泽东就最早提出了"社会主义的商品生产"的观念，认为商品生产要看与哪种经济制度相联系，同资本主义制度相联系就是资本主义的商品生产，同社会主义制度相联系就是社会主义的商品生产。

为什么他最终放弃了发展商品经济的想法？可以做一个大胆的猜测，毛泽东应该是在实践中发现了一个后果，那就是商品经济的发展，可能会与社会主义目标之间发生矛盾。

社会主义与市场经济不是能够完全相容的。它们有着并不完全相同的价值取向，市场经济滋生的消费主义、享乐主义、奢侈追求、交换原则等都有可能会对社会主义理想信念、价值观念提出挑战。市场主体更多从务实的角度看待自己的生活境遇，关注收入、金钱、物质财富这些实在的东西，对各种类型的"主义"出现抵触情绪，社会主义的理想必然会招到冷漠的对待，社会主义难免会失去它的号召力和凝聚力。

市场不是可以随心所欲就能控制的，如果不能结合好，市场经济会逐渐销蚀掉社会主义的墙角，因为市场经济的取向会导致公有制经济向私有制经济转化，或者让公有制经济仅仅是名义上的公有制而实际上被少数人占有，它也会使按劳分配变成按资分配，使市场主体靠投机、虚拟经济、垄断取得分配，使共同富裕成为最难解决的根本难题，导致比资本主义更大的分配不公、两极分化。

社会主义与市场经济的结合，最需要提防资本逻辑的侵入。只要是奉行市场经济原则的国家或地区，都必须面对资本逻辑的运营，资本力量会把市场经济作为有效工具，利用市场、制造市场、扩大市场或者减少市场，以实现不断赢得利润的目的。资本明目张胆地进入，有可能悄然无息地改变社会主义的性质。

邓小平认识到，在社会主义国家，走市场化发展生产力这条道路，一定会付出一定的代价，会让资本逻辑有机可乘主宰未来社会主义的发展道路，而导致对社会主义理想探索的忽视，导致人们对社会主义核心价值的忘却，他才会在很多场合谈到社会主义要防止两极分化，要追求共同富裕。

社会主义与市场经济的矛盾在今天有扩大化的趋势，人们对社会主义的不认同感增强就是表现。社会主义作为政治意识形态的话语，尽管也被通过各种渠道广为宣传，但宣传力度之强与日常生活领域人们对其难接受形成鲜明反差。我们必须正视这种矛盾，如果还沉浸于对经济发展速度的喜悦中而看不到问题，未来的发展就必然会使社会主义事业遭遇到重大挫折。

坚持社会主义市场经济的改革方向，是当代中国进一步改革的题中之意，它要求我们努力探索在社会主义制度下更好地发展市场经济，在市场经济条件下更好地推进社会主义的新道路。

如果接下来的改革在社会主义与市场经济之间

偏要有个侧重点的话，那就应该是社会主义。如果说改革开放前 30 年追求的是"社会主义的市场经济"，改革开放 30 年后我们追求的就应该是"市场经济的社会主义"，前一阶段致力于市场经济，后一阶段致力于社会主义。

我们要思考的重点是，如何实现社会主义的价值目标，如何实现社会主义对市场经济的引领，如何让市场经济服务于社会主义的理想。我们要从务实性地把市场经济作为主体、把社会主义作为附属品，转向理想性地把社会主义作为主体、把市场经济作为真正手段，从思考想尽一切办法发挥市场经济的效率与活力，转向思考如何通往社会主义、如何掌控市场经济下的资本逻辑以实现社会主义的价值目标。

我们仍然需要用实践证明：社会主义与市场经济不仅能够结合，而且能够结合得很好。社会主义不会终结市场经济，反而会把资本主义条件下违背市场经济原则的垄断、集中解决得更好，市场经济不一定是社会主义的威胁，反倒会成为社会主义发展的助推器。

☞ 当代回响

政府与市场如何合理搭配？

市场往往被看作为"看不见的手"，政府则被看作为"看得见的手"，市场和政府这"两只手"如何更好地发挥作用，一直被视为事关经济社会发展的重大理论和现实问题。

人们渴望最合理的搭配，既顺应市场的客观规律来合理配置资源，保证社会活力和发展效率，又加强政府对市场自发性的调控和诊治，保证社会公平。市场的客观规律与政府的宏观调控，缺一不可，无缝对接，达致服务社会的最佳效果。

但现实的情况是，市场与政府的搭配似乎总不协调。市场总是想逃脱政府的掌控，它追求市场主体的自由，不按照政府的主观意志去运行，更不会自觉走向人们想要的公平正义，甚至还时不时地把经济社会拉入危险的境地。

政府则喜欢把手插到市场的口袋中，做一些市场应该发挥作用的事情，有的政府代言人并不关心市场的良性运行，只是企图从市场中获得好处和实惠。政府反倒独自扮演了两只手的角色，"看得见的手"在大庭广众之下伸张正义，还有"看不见的手"在私下偷偷地满足个别单位、个别部门的私利。

当人们看到政府与市场的关系处理得如此不尽如人意，尤其是看到被寄予建设社会主义事业厚望的政府，在搞市场经济体制时竟出现了如此多的问题和矛盾，两种对立的观点自然就出现了。

一种观点可以称为"市场经济取消论"。认为市场经济失去了方向，必须严格控制市场，甚至取消市场经济，一心一意搞社会主义，分好蛋糕，促进社会公平。这是看到了市场经济的缺陷而形成的矫枉过正、因噎废食的观点，其实还是不信任市场经济，还是改革开放前社会主义不能搞市场经济，搞市场经济就会摧毁社会主义观念的延续。

另一种观点则可以称为"自由市场放任论"。认为应少谈些主义，少空想公平正义，符合市场原则的就是公平的，经过完全市场化产生的结果就是公平的结果。特殊利益集团形成、两极分化、社会不公平等等，问题不在于市场经济，而在于市场化不够，在于政府管得太多。因此必须进一步推动市场化改革，强调市场的自由化、彻底化，防止政府权力的干涉。这种观点实际上对政府充满不信任，看到了政府在市场经济过程中扮演的不光彩角色，它不是代表公共利益，而是通过管制和审批来获取部门的私人利益。

两种观点走向了两个极端，其逻辑在于，要搞市场经济，就不能有政府干预，有政府干预，就不可能有真正的市场经济。非此即彼的思维方式，只能看到对方的坏处，看不到对方的好处。而既然是市场和政府的结合，就一定是好的方面的结合，是对坏的因素进行祛除之后的结合。市场和政府都有好有坏，必须看到两者各自的好处，克服掉各自的坏处，这是政府与市场能够珠联璧合的前提。

市场经济自有它的合法性，要看到它得以良性运行的四个内在要素：自利主体，即参与市场活动的市场主体；交换活动，市场主体在市场上通过竞争实现自身利益的行为；契约规范，在市场交换中形成的约束市场主体行为的原则规范；共同利益，以市场为中介实现的整个社会的公共利益与和谐秩序。

在四个内在要素之外，还要看到市场所处的"外在环境"，市场经济从来不是纯粹的市场经济，总是指一定历史环境、地理范围、制度空间中的市场经济。外在环境就是在市场之外但又是市场运行不可或缺的社会、政治、文化背景。

有这四个要素为前提，市场经济在理论上就获得了合理的逻辑，即作为欲望和理性结合体的市场主体，为了实现自己的正当利益，在有明确规范的市场上通过交换各获所需，并在政治力量、社会力量的推动下实现社会资源的有效配置和社会公共利益的公平实现。

市场经济的良性运行，不仅保证了个人主体的正当利益，明确了其应遵守的规范，还预设了公共利益实现的效果，这是个人利益与公共利益双赢的结局，是不可置疑的最好的结果。当然，这也正是"自由市场放任论"极力推崇彻底市场化的根源之所在。

但理论归理论，现实归现实，完美的市场经济理论，却在现实生活中给人们带来不可接受的"满目疮痍"。过于完美的理论，却不能产生满意的结果，我们要这种完美做甚？所以，我们批判市场万能论、自由市场放任论，是因为不存在完善的、自发调节的市场经济。即使真的存在完美的市场体制，它的所有原则、规则都得到贯彻，也不能说它就会带来理想的美好社会。

市场经济作为经济运行的方式，本是与人的经济生活、经济活动密切相关，它也仅应限制在这个领域，但它总会寻求扩张，扩张到人类社会的所有领域，生产出"市场政治""市场社会"，对人类社会的其他关系进行"殖民"。

市场经济领域把赢利、交换、竞争作为正当的道德行为，这无可厚非，但如果在生活中一切都讲赢利，在政治中强调交换，在社会中盲目推崇竞争，必将是人类社会的损失。基本的劳动力资源、生产资料资源、自然资源由市场配置，教育、医疗、重大科研项目等也由市场配置，如果一切都是市场化，一切都以价格、竞争、供求来决定，也势必带来公共利益的损害。

交换、金钱、竞争、价格、利润充斥的社会，绝对不是一个理想的、和谐的社会。任何对市场经济充满乐观态度而坚持自由市场或完全市场化的理论家们必须直面现实，而不是沉浸于一种对完美的市场经济的猜想。

鉴于市场经济不可能完善的性质，同时鉴于市场经济可能向社会扩张，所以必须限制市场化的原则极度放大，防止它占据整个社会。其实，政府努力的方向，就是确保市场经济内在机制的四个要素得到维系，而不发生偏差。

政府在市场中的角色是保障市场经济的契约精神不被有个人私利的市场主体所打破，保证市场的规则不在社会中普遍通用，尤其是要保证自己作为一个客观中立的第三方，而不是市场主体之一。要寻求政府和市场"若即若离"的、恰到好处的距离，政府不能随意伸向市场，作为市场主体参与市场活动，以获取部门利益，这是政府的限度问题。

当然，政府也不能放手不管，听之任之，过于信赖市场经济的自动调节功能，而应加强调控手段、调控机制的完善，这是政府的作为问题。

更好地发挥政府作用，归根结底在于牢牢控制政府"看不见的手"的作用的发挥，使其没有机会出手，让"看得见的手"的功能发挥到极致，去维护公共利益，推动社会公平。

六、民主的探求

为了保障人民民主，必须加强法制。必须使民主制度化、法律化，使这种制度和法律不因领导人的改变而改变，不因领导人的看法和注意力的改变而改变。

1

经济领域的改革必然推动政治领域的改革。不改革政治体制，就不能使经济体制改革继续推进，就不能保障经济体制改革的成果。邓小平强调："所有的改革最终能不能成功，还是决定于政治体制的改革。"没有政治体制的改革，注定不会成为成功的改革。

从"文化大革命"中走出来的邓小平，更能意识到政治体制改革的重要性，更理解中国政治依然存在的现实问题，也更加明白追求民主政治制度的价值。我们会发现他致力于政治体制改革的决心和毅力，会发现他内心的急躁。他看到政治体制改革的紧迫性，也完全认识到政治体制改革的难度有多大。

有人总以为政治体制改革并不难，关键是执政者不愿意去做。实际上，这种想法本身是错的，哪一个执政者不愿意把政治体制改好。但政治体制有很大的惰性，一旦形成，就很难去变。因为改革者本身就在政治体制内，要推动政治体制改革归根结底就是要改革自己，而改革自己的改革必然是难度最大的改革。

政治体制改革涉及的人和事很广泛，很深刻，触及很多人的利益，会遇到很多难以克服的障碍。政治体制的改革家，更需要勇气和智慧。邓小平是敢于直面问题的改革家，他直接指认了党和国家领导制度、干部制度存在的主要弊端。政治体制改革必须直面问题，敢于揭开自己的伤疤，给别人看，这确实是需要魄力的。邓小平对中国领导制度、干部制度的弊端，既有对现象的揭示，又有深度分析。这些弊端包括：

第一，官僚主义。邓小平清醒地认识到，官僚主义是党和国家政治生活中广泛存在的大问题，而且在内部事务和国际交往中达到了"令人无法容忍的地步"。官僚主义是长期存在的、复杂的历史现象，建国以来的官僚主义有自己的特点，它既不同于旧中国的官僚主义，也不同于资本主义国家中的官僚主义。它产生的根源在于建国后对经济、政治、文化、社会都实行中央高度集权的管理体制，党政机构以及各种企业、事业单位领导机构缺少严格的行政法规和个人负责制，缺少对每个机关和每个人的职责权限的界定。他全面总结了"官僚主义"的种种现象：

> 高高在上，滥用权力，脱离实际，脱离群众，好摆门面，好说空话，思想僵化，墨守成规，机构臃肿，人浮于事，办事拖拉，不讲效率，不负责任，不守信用，公文旅行，互相推诿，以至官气十足，动辄训人，打击报复，压制民主，欺上瞒下，专横跋扈，徇私行贿，贪赃枉法，等等。

第二，权力过分集中。权力过分集中于个人或少数人手里，多数办事的人无权决定，少数有权的人负担过重。这是过分强调党的集中统一，不注重必要的分权和自主权的结果。在党的一元化领导的口号下，不适当地、不加分析地把一切权力集中于党委，党委的权力又往往集中于几个书记，特别是集中于第一书记，什么事都要第一书记挂帅、拍板，党的一元化领导变成了个人领导。

第三，家长制作风。家长制是中国历史上非常悠久的陈旧社会现象，其基本表现是：个人凌驾于政治组织之上，组织成为个人的工具，家长式人物的权力不受限制，别人惟命是从，形成人身依附关系。克服家长制必须理清"下级服从上级"的意思，它说的是对于上级的决定、指示，下级必须执行，而不是说下级与上级本身不平等，下级必须依附于上级。上下级之间的关系不能是猫鼠关系，也不能搞成旧社会那种君臣父子关系或帮派关系。

第四，干部领导职务终身制。邓小平说过，过去没有规定，但实际上存在领导职务终身制。这不利于领导层更新，不利于年轻人上来，这是我们制度上的缺陷。正是认识到这一点，他才特别强调干部的年轻化，特别强调培养年轻人，选拔德才兼备的人。

第五，形形色色的特权现象。搞特权是封建主义残余影响尚未肃清的表现，搞特权就是搞特殊化，把自己看成人民的主人，总以为自己在法律之上，可以不被检举、控告、弹劾、撤换、罢免。

邓小平所说的这些弊端并不是说今天的中国政治问题已经解决了，已经不再是改革需要致力解决的问题。问题犹在，任务犹在，改革仍然要对准这些弊端，克服这些问题。

2

解决制度的弊端，就要明确政治体制改革的目标，总的来讲是克服官僚主义，发扬社会主义民主，调动广大人民群众的积极性，始终保持党和国家的活力，巩固社会主义制度，而其中最重要的中心任务还是实现广泛有效的人民民主。

社会主义的事业要克服各种各样的弊端，就必须走民主的道路。列宁早就说过：谁想不经过政治上的民主制度而沿着其他道路走向社会主义，谁就一定会得出一种无论在经济上或是在政治上都是荒谬的和反动的结论。

在延安时期，民主人士黄炎培访问延安，尖锐地向毛泽东提出通过什么路径才能防止"政怠宦成""人亡政息"的历史教训，跳出"其兴也勃焉，其亡也忽焉"的"周期律"。毛泽东的回答是：我们已经找到了新路，我们能够跳出周期律。这条新路，就是民主。只有让人民来监督政府，政府才不敢松懈；只有人人起来负责，才不会人亡政息。

但实践民主比谈及民主要难得多。知道民主是个好东西和实现民主这个好东西，不是同一个过程。毛泽东所搞的群众直接参与的"大民主"，在"文化大革命"的实践中彻底演变成不讲民主、不讲法制的大动乱。民主集中制和党的集体领导原则只在形式上存在，实质上重新回到了一个人说了算的高度集权局面。

但这只是社会主义民主实践的挫折，并没有妨碍中国推进民主的进程，邓小平多次强调要进行社会主义民主的探索，指出"没有民主就没有社会主义，就没有社会主义的现代化"，必须采取各种措施努力扩大党内民主和人民民主。

追求的民主，有限定词，一定是社会主义的，一定是有中国特色的。民主并非西方独占，并非只有一个模板，从毛泽东开始，我们就一直努力探索与西方不同的民主政治发展道路。

邓小平认为，没有抽象的民主，民主总是具体的，各个国家的传统、制度、经济发展状况各不相同，民主的性质、发展水平等必然也就不同。因此，民主只能逐步地发展，不能搬用西方的那一套，要搬那一套，非乱不可。

民主政治发展，要遵循客观历史进程，要考虑中国具体国情，我们没必要偏要羡慕西方的月亮比中国的圆。我们对中国的民主实践和民主理论应该充满自信，在实践上要看到民主政治发展的进程之快，在理论上要看到社会主义民主的广泛性和高效性。

我们所追求的民主是政治民主与经济社会民主的统一。民主不仅指政治生活的民主化，也应该指经济管理的民主化、整个社会生活的民主化。政治的民主是不够的，如果在经济管理、社会生活中没有民主可言，政治的民主就注定是一种形式，而没有实质性的内容。

经济民主是政治民主的前提。西方的民主只是体现在政治领域的民主选举、民主管理和民主监督，而对经济民主则很少涉及。邓小平所提倡的民主不仅仅是民主管理国家，还包括民主管理基层地方政权和民主管理企业事业单位。这是宏观民主和微观民主的统一。

3

民主最大的困境是效率的问题，一味地讲民主，可能会使效率受影响，我们实行的民主集中制，能很好地解决这个问题。

但总有人认为，民主和集中两者是不可调和的，要民主就不要集中，要集中就不可能有民主，民主集中制只会给专制做好铺垫。受到同等遭遇的还有"人民民主专政"，一些人认为只要讲民主就行了，偏要讲专政，听着刺耳。讲专政，就是要消解民主，就是根本不想与别人分享民主。

"民主集中制"或"人民民主专政"说的是政治的实在话，只要是国家政权，就必须有专政、有集中，不同的是对谁民主，对谁专政，谁来集中。所以，邓小平说，对人民实行民主，对敌人实行专政，这就是人民民主专政。运用人民民主专政的力量，巩固人民的政权，是正义的事情，没有什么输理的地方。

反倒是那些一味讲民主不讲专政、不讲集中的民主理论才更有欺骗性、蛊惑性，它把民主吹得天花乱坠，实际上是故意把专政或集中给藏了起来。

民主集中制本身没有任何问题，它经得起推敲，不能怪民主集中制理论本身有问题。有问题的是好的制度没有真正得以在政治生活中实施好。集中潜在的危险是高度集权，民主潜在的危险是效率太低，民主集中制容易出现集中度过高，而民主无法得到体现的问题。邓小平其实已经关注到了民主与集中的矛盾，认为我们面临的主要障碍和普遍危险是集中过多，民主太少，甚至离开民主讲集中。

今天，还有一些党政领导片面地理解集中、强调集中，把"集中"与"集权"混淆起来，忽视民主，把个人意志凌驾于群众意愿和集体意见之上，甚至压制不同意见，打击报复来自民主的声音。这是与民主集中制严重不符的。

改革要努力的方向是坚持集体领导和充分发扬民主，构建有效的权力监督、制约和制衡机制。党内和人民内部的政治生活，只能采取民主手段，不能压制、打击，要切实保证公民权利、党员权利，尊重群众，善于集中人民群众的正确意见，创造"又有集中又有民主，又有纪律又有自由，又有统一意志，又有个人心情舒畅、生动活泼"的政治局面。

民主与法制是密切相关的。"中国的政治体制改革，要讲社会主义的民主，也要讲社会主义的法制。"没有法制就没有真正的民主。邓小平的这段话值得我们谨记：

> 为了保障人民民主，必须加强法制。必须使民主制度化、法律化，使这种制度和法律不因领导人的改变而改变，不因领导人的看法和注意力的改变而改变。现在的问题是法律很不完备，很多法律还没有制定出来。往往把领导人说的话当做"法"，不赞成领导人说的话就叫做"违法"，领导人的话改变了，"法"也就跟着改变。

推进民主，加强法治，必须处理好法治和人治的关系。但这一关系的处理本身就很难，对于改革者来说更难。改革是需要改革者来掌控的，如果改革者本身的素养、能力等各方面过硬，摆脱民主和法治对他的约束，尽可能地集各种大权于一身，确实有利于干大事。但今天的改革者要完成的政治任务是民主和法治，改革者的所有改革都要于法有据，在法治下推进改革，在改革中完善法治。

政治体制改革推进的当代中国政治转型，本质上是从传统的"魅力型政治"向现代的"法理型政治"转变，从依靠领袖人物的非凡才能、个人魅力，到依靠法律的明文规定、民主的政治制度设计来治理国家。这是"政治祛魅化"的过程，它要使政治的合法性不再依靠政治人的自身素质，而是依靠法律、制度的健全和完善，它要让人们不再通过卓越超凡的领导个体，而是通过法律、制度来实现对政治的认同。

再有魅力的、再睿智的领导者都不能打破法律规范、超越已定规则，他要受到法律的限制，要受到民主力量的制约。领导者的个人魅力必须在法律、制度的框架中展现。这恐怕是处理好法治和人治关系必须遵循的基本要求。

结语　改革的进路

改革是中国历史进程的必然逻辑，也是应对客观形势主动选择的积极行动。它一开始就不是一件容易的事，到现在更是难上加难，更需要从实践上进一步探索，从理论上进一步思考。有感于邓小平的改革哲学，遵循改革的逻辑，进一步推进全面深化改革，要具备若干要素，需好好考量。

总体理念。我国改革开放初采取的是"摸着石头过河"的渐进式探索方式，它的优势在于能够保证有足够的时间去修正出现的问题，能够尽可能、最小限度地规避改革的风险，它的缺陷则是缺乏统一的顶层设计和长远的宏观规划，会出现的危险在于走一步算一步，结果发现离原来的设想相差甚远而难以回头。深化改革需要发挥其所长，弥补其所短，要有对未来的愿景，要切实践行社会主义理念，把社会主义理想化为现实。我们把社会主义、共产主义看作为一种政治理想、一种社会形态、一种奋斗目标、一种能够替代资本主义的美好社会的制度体系，我们就需要在改革实践中让它体现出来，让它在现实中出场，防止理念世界和现实世界的对立。

操控资本。资本的力量是驱动整个世界现代化的重要力量，资本主义也是当代众多国家逐渐趋向的社会形态。但资本逻辑也是现代社会各种矛盾滋生的根源，而且它提不出化解这些矛盾的方案，它将权力收买以操控权力运行，追求利润至上忽视社会整体利益，注重效率问题而导致两极分化，激发人的活力却使人滋生贪婪之心，增加社会物质财富却使生态环境问题加重、人际关系紧张、社会不和谐因素滋长等等。深化改革，要着力于摆脱资本逻辑的操控，规制资本，将其限定在经济领域之中，发挥其在经济领域的激励作用，逐步减少为利润而进行的生产，防止资本的肆意扩张，严格遏制其在其他领域的腐蚀作用，斩断资本与权力勾结的机会，彻底根治权力的资本化与资本的权力化的顽疾。

道德市场。市场经济是法治经济，也是道德经济，如果说法治市场是所有市场经济形式的应然要求，那么道德市场就是社会主义市场经济的本质体现。道德市场不仅仅要求市场参与者遵守道德规范、提升道德素养，而且要真正体现出社会主义相对于资本主义道德优越性的地方，要体现出主导市场经济的不是竞争，而是合作；不是对抗，而是和谐；不是一部分富裕，而是共同富裕；不仅是形式公平，也包括实质公平。社会主义的道德市场，需要从法治着手，通过更为严格的法治、更为有效的严打来整治市场秩序，实现政治权力中立化，对市场实施有效的控制，让市场主体的道德合作、负责任行为获得更好的发展机会。

社会所有。社会主义要走向社会的共享和占有，这并不是现在的生产资料公有制所能做到的，一种形式上的公有制不一定能体现实质上的社会的共有制，它反而可能会被特殊利益集团所独有，成为少数社会成员谋取社会财富的工具。波兰的两位学者布鲁斯、拉斯基的区分很有意义，他们认为社会主义对资本主义经济上和道德上的优越性共同体现为

"生产资料的社会所有制"（social ownership），而不是"公共所有制"（public ownership），前者保证社会每一个成员享有同等权利，后者则指派一个公共主体为合法所有者，它并不必然是社会所有的。生产资料公有制，应该是生产资料的社会成员共有制转变的机制，应该从公有制的形式向社会所有的实质转变。

攻坚之战。政治体制改革是攻坚之战，打破权力与资本的结合，才能实现社会的公平、权利的共享。邓小平分析了政治体制改革的思路，"政治体制改革很复杂，每一个措施都涉及千千万万人的利益。所以，政治体制改革要分步骤、有领导、有秩序地进行"。不同于经济体制改革可以通过基层摸索进行，政治体制改革是改革者改革自己，是领着大家改大家，必须从上到下，从中央到地方，从党和国家的领导制度开始，积极地、分步骤地继续进行改革，一方面要积极主动，意志坚定，有足够勇气，另一方面必须学会迂回战略，学会妥协。政治体制改革阻力更大，必须善行多思，在稳中推进，胆子要大，步子要稳。

核心价值。改革需要共识，需要核心价值观念，今天思想价值观念多元多样多变，达成共识的、深入每个人内心的核心价值观念没有真正形成，我们亟须打造社会主义精神，把它作为凝聚力、号召力的精神源泉。如果说资本主义体现的是资本的尊严，社会主义体现的应是人本的价值。以此为核心，我们需要重新诠释为人民服务、集体主义、友爱同志关系等被计划经济所政治化、被今天市场经济所抛离的道德范畴，需要用修身、正心、齐家、公平、正义、宽容、互爱、和谐、幸福等传统文化与现代文化观念来丰富社会主义的价值内涵。

领导力量。邓小平说："中国要出问题，还是出在共产党内部。"实际上也已经说明，解决中国所有的问题，关键也在于共产党这一领导力量。改革必须坚持党的领导，处理好党和政府的关系，解决党只管大事、不管小事的问题，在党政分开的情况下解决党领导的问题。我们需要打造反映社会民众利益、遵守法制道德规范的积极政治力量，它依靠自身的政治体制改革，通过从严治党，能对资本保持足够的警惕，坚决与资本保持适当的距离，能做好市场经济的守夜人，做好社会主义的辩护者，做好未来发展的规划者，对长远和近期的发展运筹帷幄，对中国特色社会主义共同理想充满憧憬，并有切实的行动去践行。

改革的促进派。全面深化改革，是考验改革者智慧和勇气的大事，也是考验一个国家所有社会成员参与热情和行动能力的大事。改革的事业成败与否，不仅仅是由执政党，还是由多元利益主体决定，从这个意义说，我们每个人都应该积极做改革的促进派，不做改革的拦路派、改革的旁观派。每个人都应客观地考虑自己的利益诉求，看清楚长远利益与短期利益、个人利益与集体利益的关系，那些已经在30多年的改革中获得既得利益的人，不能期望再像以前一样继续获得，当改革触碰到"既得"利益的时候，要从符合中国未来发展的长远利益，因此也是符合个人长远利益的角度，去理解改革，去支持改革。

改革不可能毕其功于一役，需要长期努力，不能操之过急，不能看到情况错综复杂、推进难度大，就对改革心灰意冷。邓小平非常明白改革的长期性，他在 1992 年说过，恐怕再需要 30 年的时间，我们才会在各方面形成一整套更加成熟、更加定型的制度。他还说，巩固和发展社会主义制度，还需要我们几代人、十几代人，甚至几十代人坚持不懈地奋斗，绝不能掉以轻心。我们要做好长期准备，要有一种乐观的精神状态，对改革保持足够的自信，不断地为改革添砖加瓦。我们要学习邓小平，他面对改革并完善党和国家的领导制度的任务，提出"我们这一代人也许不能全部完成，但是，至少我们有责任为它的完成奠定巩固的基础，确立正确的方向"。就此而言，改革也是需要愚公精神的。

附录　妙语选粹

1. 一个党，一个国家，一个民族，如果一切从本本出发，思想僵化，迷信盛行，那它就不能前进，它的生机就停止了，就要亡党亡国。

2. 一个革命政党，就怕听不到人民的声音，最可怕的是鸦雀无声。

3. 革命精神是非常宝贵的，没有革命精神就没有革命行动。但是，革命是在物质利益的基础上产生的，如果只讲牺牲精神，不讲物质利益，那就是唯心论。

4. 克服特权现象，要解决思想问题，也要解决制度问题。

5. 领导制度、组织制度问题更带有根本性、全局性、稳定性和长期性。这种制度问题，关系到党和国家是否改变颜色，必须引起全党的高度重视。

6. 制度好可以使坏人无法任意横行，制度不好可以使好人无法充分做好事，甚至会走向反面。

7. 没有一点闯的精神，没有一点"冒"的精神，没有一股气呀、劲呀，就走不出一条好路，走不出一条新路，就干不出新的事业。

8. 计划多一点还是市场多一点，不是社会主义与资本主义的本质区别。计划经济不等于社会主义，资本主义也有计划；市场经济不等于资本主义，社会主义也有市场。计划和市场都是经济手段。

9. 社会主义的本质，是解放生产力，发展生产力，消灭剥削，消除两极分化，最终达到共同富裕。

10. 不搞争论，是我的一个发明。不争论，是为了争取时间干。一争论就复杂了，把时间都争掉了，什么也干不成。不争论，大胆地试，大胆地闯。

11. 右可以葬送社会主义，"左"也可以葬送社会主义。中国要警惕右，但主要是防止"左"。

12. 中国要出问题，还是出在共产党内部。

——摘自《解放思想，实事求是，团结一致向前看》《党和国家领导制度的改革》《在武昌、深圳、珠海、上海等地的谈话要点》，《邓小平文选》第 2、3 卷，人民出版社 1994、1993 年版。

后 记

以三篇经典文献为理论基础，以当代中国改革为关照背景，写邓小平的改革哲学，对我来说是一次挑战，也是一次冒险。多次要罢手，多次又捡起来，在这种反反复复的折磨中，我完成了这本小册子。

我不打算也没有能力对当代中国的改革谈自己的"一孔之见"，主要努力的方向是思考今天的改革能够从总设计师邓小平那里得到哪些启发，当然，我坚持现实维度和问题导向，并结合以前自己所写的学术论文，大胆地进行了必要的发挥。

我坚定地认为，几百次地"改变"，比不上一次"改革"。不要动不动就讲改革，甚至把所有的改变都当成改革。这样做，只会将改革这个词用泛用滥，消耗掉"改革"一词的厚重内涵。

　　过多的谈论，还不如一次审慎的思考，更不如一次切实的行动。我们应该有一种"改革性思维"，在工作和生活中变得更有预见性，站得更高，看得更远，思考得更透。这应该是邓小平的改革哲学给每个人的启迪。

陈培永

2016年2月于北京西长安街5号